# Rubens Saraceni

*Mentor Espiritual:
Seiman Hamisser yê (Ogum Megê)*

# A Magia Divina das Velas
## O Livro das Sete Chamas Sagradas

MADRAS®

© 2024, Madras Editora Ltda.

*Editor:*
Wagner Veneziani Costa (*in memoriam*)

*Produção e Capa:*
Equipe Técnica Madras

*Ilustração da Capa:*
Domício Melo

*Ilustrações internas:*
Vizualizadas pelo medium clarividente Luis Antônio Donizetti Soares e desenhadas por Marcelo Campanã.

*Revisão:*
Roberta Oliveira Stracieri
Adriana Cristina Bairrada

**Dados Internacionais de Catalogação na Publicação (CIP)
(Câmara Brasileira do Livro, SP, Brasil)**

Saraceni, Rubens
A magia divina das velas: o livro das sete chamas sagradas / Rubens Saraceni ; mentor espiritual Seiman Hamisser yê (Ogum Megê). – 23 ed. – São Paulo: Madras, 2024.
ISBN 978-85-370-0259-9
1. Magia 2. Velas 3. Umbanda (Culto) I. Hamisser yê, Seiman. II. Título.
08-04274 CDD-299.67

Índices para catálogo sistemático:
1. Velas : Rituais : Umbanda : Religiões afro-brasileiras 299.67

É proibida a reprodução total ou parcial desta obra, de qualquer forma ou por qualquer meio eletrônico, mecânico, inclusive por meio de processos xerográficos, incluindo ainda o uso da internet, sem a permissão expressa da Madras Editora, na pessoa de seu editor (Lei nº 9.610, de 19/2/1998).

Todos os direitos desta edição, em língua portuguesa, reservados pela

**MADRAS EDITORA LTDA.**
Rua Paulo Gonçalves, 88 — Santana
CEP: 02403-020 — São Paulo/SP
Tel.: (11) 2281-5555 – (11) 98128-7754
**www.madras.com.br**

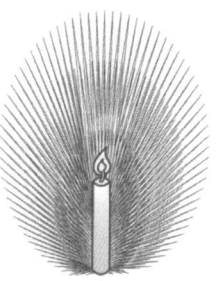

# Índice

Introdução ..................................................................9
O Que é Magia ..........................................................13
As Formas das Ondas Ígneas Irradiadas pelas Velas ........15
O Que São as Ondas Eletromagnéticas? ......................21
Os Desenhos Formados pelas Ondas Ígneas ................27
As Velas ....................................................................33
Ondas Vibratórias — A Base da Criação Divina ..........37
    A Estrutura do Pensamento e a Magnetização ..........41
    Irradiações Divinas ..............................................44
As Estrelas Mentais da Vida ......................................47
    Para Desagregar Magias Negras e Curar ..................51
Círculos Mágicos dos Tronos de Deus ........................53
As Várias Formas de Firmar Velas ..............................59
Ativações com Velas de Várias Cores ..........................61
Magias Religiosas ......................................................69
    Magia para auxiliar nos casos de doenças ................69
    Magia para anular o negativismo ou a antipatia de
    alguém que não tem afinidade conosco ..................70
    Magia para afastar um inimigo encarnado ou
    um obsessor espiritual ..........................................70
    Magia para anular ou descarregar de uma casa todas
    as energias negativas acumuladas dentro dela ..........71
    Magia para limpeza energética de casas ou
    ambientes de trabalho ..........................................72
Magia Divina para Desmanchar Magia Negra ..............73

Teurgia ou Magia Divina ..................................................78
As Irradiações ou Ondas Ígneas das Velas ......................81
Tipos de Ondas Irradiadas ................................................81
Tipos de Ondas Ígneas Irradiadas pelas Velas
de Diferentes Cores ...........................................................88
Vela Branca .......................................................................88
Vela Azul-clara ..................................................................89
Vela Azul-escura ...............................................................89
Vela Verde .........................................................................89
Vela Roxa ..........................................................................89
Vela Amarela .....................................................................90
Vela Rosa ..........................................................................90
Vela Vermelha ...................................................................90
Vela Dourada .....................................................................91
Vela Marrom .....................................................................91
Tipos de ondas ígneas irradiadas com círculos de
sete velas de uma só cor ....................................................92
Ativação dos Tronos ..........................................................93
Trono Masculino da Geração ............................................93
Trono Feminino da Evolução ............................................94
Trono Feminino do Amor .................................................95
Trono Masculino da Lei ....................................................96
Trono da Justiça ................................................................97
Trono Feminino da Justiça ................................................98
Trono Masculino da Justiça ..............................................99
Trono Feminino da Geração ............................................100
Trono do Conhecimento ..................................................101
Trono Feminino da Lei ....................................................102
Trono da Vitalidade .........................................................103
Todos os Tronos (1) .........................................................104
Todos os Tronos (2) .........................................................105
Tronos da Lei Maior ........................................................106
Trono da Fé .....................................................................107
Trono Feminino da Fé .....................................................108
Trono Masculino da Evolução ........................................109
Trono Feminino do Conhecimento .................................114
Tronos do Amor, do Conhecimento, da Geração

e da Evolução ..............................................................123
Todos os Tronos ..........................................................124
Todos os Tronos de Deus .............................................125
Vela de Sete Dias Dourada — A Vela de Todos os Tronos ..........127
Tronos Femininos da Lei e do Conhecimento ......................128
Tronos Femininos da Evolução e da Justiça ........................129
Tronos Masculinos da Fé, da Evolução e da Geração ...........130
Tronos da Fé e da Evolução ...............................................131
Tronos do Amor e da Geração ............................................132
Tronos da Geração e do Conhecimento ...............................133
Tronos do Amor, da Fé, da Evolução e da Geração ..............134
Tronos da Evolução e da Geração ........................................135
Tronos do Conhecimento .....................................................136
Tronos da Lei e da Justiça ....................................................137
Tronos da Evolução, do Amor e do Conhecimento ..............138
Tronos da Justiça, do Conhecimento e da Geração ..............139
Tronos da Evolução, da Geração e do Conhecimento ..........140

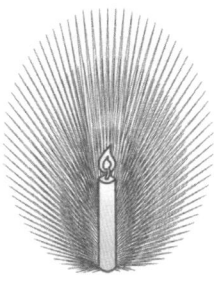

# Introdução

Eu me chamo Rubens Saraceni. Sou médium umbandista e psicógrafo, cuja obra literária, recebida dos mestres da luz, está voltada para a abertura de alguns mistérios de Deus.

Já abrimos:

- O Mistério das Sete Linhas de Umbanda ou das Sete Irradiações Vivas de Deus;
- O Mistério dos Sete Planos da Vida;
- O Mistério das Dimensões e dos Universos Paralelos;
- O Mistério dos Fatores de Deus;
- O Mistério da Evolução dos Seres, desde a nossa geração, em Deus, até o nosso estágio evolutivo atual;
- O Mistério dos Tronos de Deus;
- O Mistério das Energias Divinas, em nosso "Livro das Energias";
- O Mistério de Exu, em nosso "O Livro de Exu";
- O Mistério dos Orixás Planetários e dos Orixás Dimensionais e Intermediários;
- O Mistério da Magia Riscada ou Grafia Mágica dos Orixás, em nosso livro "A Escrita Mágica dos Orixás";
- O Mistério da Androgenesia Divina.

Enfim, já abrimos tantos mistérios que é melhor parar por aqui, pois a lista é grande.

Não abordamos nada de novo e, no entanto, trouxemos os fundamentos ou conhecimentos básicos de mistérios que, antes, os seus estudiosos só os abordavam, discutiam e ensinavam a partir de suas aparências exteriores ou de interpretações pessoais acerca de como seriam.

Mas muitas das interpretações existentes por este mundo são só "visões" pessoais, muitas das quais desprovidas de lógica, até mesmo infantis, o que nos levou a perguntar:

—Meu Deus, como a humanidade está evolutivamente paralisada por causa dessas lendas, mitos e fábulas humanas criados em torno de Seus mistérios! Por quê, meu Deus?

E a resposta obtida tem sido sempre a mesma:

—Se a humanidade está evolutivamente paralisada é porque as pessoas, os teus irmãos humanos, a têm paralisado sempre que tentam interpretar-Me e aos Meus mistérios, criando mitos, lendas e fábulas sobre os Meus mistérios e sobre Mim, perdendo ótimas oportunidades para ficarem calados e se limitarem somente à contemplação dos Meus mistérios e de Mim.

Sim, amados irmãos em Deus! Contemplação! Eis a chave de acesso a Deus e aos Seus mistérios, pois foi contemplando as chamas das velas, branca e coloridas, que este magnífico mistério, Divino mesmo, revelou-nos a Magia Divina das Sete Chamas Sagradas e o Mistério das Irradiações ou Ondas Vibratórias emanadas pelas chamas das velas.

É certo que fomos inspirados pelos Mestres da Luz do Saber o tempo todo e nesse mistério em especial o fomos pelo nosso amado mestre Seiman Hamisser yê, que é um Trono da Lei e um ordenador dos conhecimentos religiosos, espirituais e magísticos.

Assim, sempre orientados e instruídos por ele e assistidos por vários outros Mestres da Luz, todo um novo conhecimento foi sendo aberto para nós e para todos os que, mesmo desprovidos da clarividência, acreditarem no que revelaremos nos próximos capítulos deste livro.

Sim, terão de acreditar, pois só algumas pessoas possuem a clarividência e são capazes de, contemplando chamas de velas, visualizar as belíssimas ondas vibratórias irradiadas por elas.

Saibam que tivemos a cautela de confirmar com vários clarividentes, e com todos vendo as irradiações sempre que contemplavam a chama de uma vela, tudo o que os Mestres da Luz já haviam nos revelado por meio da psicografia. E só após vários clarividentes, em locais e dias diferentes, terem visualizado as irradiações, é que começamos a montar este livro, que é único, pois outro igual estamos certos de que nunca antes foi escrito.

Há livros de cromoterapia, em que as cores são interpretadas e nos quais são ensinadas algumas técnicas terapêuticas, e há livros sobre a magia das velas, nos quais se associam determinadas cores a determinadas divindades (anjos, arcanjos etc.), mas isso já vem sendo transmitido de geração para geração desde há muito. O que aqui revelamos (os tipos de irradiações emitidas pelas chamas das velas) é novo, inédito mesmo!

Logo, novamente estamos abrindo para a humanidade mais um mistério de Deus, pois os Mestres da Luz nos revelaram os tipos de irradiações das chamas das velas. Que os clarividentes, a partir de nossas informações acerca desse mistério, comecem a vê-las, descrevê-las e desenhá-las, confirmando o que já sabemos.

E assim, sempre instruído, guiado e orientado pelos amados Mestres da Luz do Saber, colocamos à disposição dos leitores todo um novo conhecimento acerca dessas nossas velhas conhecidas: as velas.

Também ensinamos algumas magias religiosas, ou magias que só devem ser ativadas "religiosamente", pois as velas e sua "escrita mágica" só poderão ser usadas e ativadas por aqueles que forem iniciados magisticamente no curso "Magia das Velas".

Sim, alertamos os leitores para a necessidade de se iniciarem antes, pois só assim, poderão usar magisticamente as velas com sabedoria, com a outorga dos Tronos de Deus e com um pouco do "senso Divino" das coisas sagradas.

Quanto ao uso religioso, que cada um acenda as velas segundo suas crenças e necessidades íntimas, mas nunca o façam em "cabalas", "mandalas" ou "pontos riscados", a menos que tenham sido iniciados nesses mistérios, pois não responderemos pelo carma alheio que puxarão para suas vidas, assim como os Tronos de Deus não responderão às evocações feitas por pessoas não iniciadas nos Seus mistérios.

Mas estejam certos de que, caso se deem ao trabalho de se iniciar, muitas das "coisas" humanas que têm paralisado sua evolução serão diluídas e conceitos realmente evolucionistas ocuparão o lugar delas, acelerando sua jornada em direção às esferas da luz.

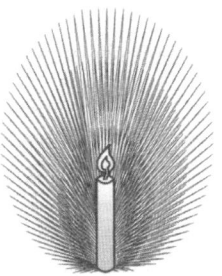

# O Que é Magia

Magia é o ato de evocar poderes e mistérios Divinos e colocá-los em ação, beneficiando-nos ou aos nossos semelhantes.
Muitas são as magias já reveladas e abertas ao plano material da vida. Há magias astrológicas, lunares, solares, elementais, espirituais, telúricas, aquáticas, ígneas, eólicas, minerais etc.
Ninguém sabe ao certo quem as recebeu e as iniciou no plano material. Mas grandes iniciados, cujos nomes se imortalizaram na história religiosa, iniciática, esotérica e ocultista da humanidade, com certeza foram os responsáveis por elas e foram os seus doadores, pois todo grande iniciado é um mensageiro Divino e traz, em si, atributos e atribuições divinas não encontradas nas outras pessoas, às quais beneficiam com suas revelações.
Todo grande iniciado já encarna preparado, em espírito, e tudo para ele é tão natural que, dispensando os procedimentos religiosos, magísticos, ocultistas ou iniciáticos existentes, dá início aos "seus" próprios procedimentos, pois traz em si uma outorga Divina e é "iniciador" natural das pessoas que se afinizam com ele e o adota como tal.
Só ativa ou desativa magias quem já tiver sido iniciado magisticamente, porque as divindades só reconhecem como aptos para esse mistério quem cumpriu as etapas iniciáticas estabelecidas pelo seu iniciador.
- Magia é o ato de ativar ou desativar mistérios de Deus.
- Magia é a "manipulação" mental, energética, elemental e natural de mistérios e poderes Divinos.
- Magia é o ato de, a partir de um ritual evocatório específico, ativar energias e mistérios que, só assim, são colocados em ação.

- Magia é um procedimento paralelo aos religiosos ou, mesmo, parte deles.

Por ser a magia tudo isso, neste livro só ensinamos o uso religioso das velas, uso que se fundamenta nos Tronos de Deus, que é a classe de divindades responsáveis pela evolução dos seres.

Caso venham a acender velas e consagrá-las a Deus e aos seus Divinos Tronos com fé e reverência, tenham certeza de que elas realizarão uma ação mágico-religiosa que os beneficiará.

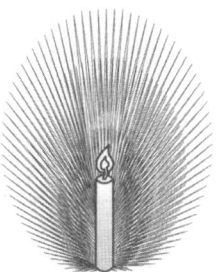

# As Formas das Ondas Ígneas Irradiadas pelas Velas

As velas irradiam suas ondas ígneas de muitas formas, todas análogas às ondas eletromagnéticas existentes nas dimensões básicas ou elementares, assim como irradiam ondas fatorais ou coletoras de essências existentes no prana ou éter.

Saibam que cada onda obedece a um dos Sete Magnetismos Divino-Planetários e às irradiações de um dos Sete Tronos: Fatorais, Essenciais, Elementais, Duais, Encantados, Naturais e Celestiais, que são os regentes dos "sete planos da vida".

O mistério das ondas ígneas irradiadas pelas chamas das velas é tão magnífico que podemos ver nele a repetição das ondas eletromagnéticas que fluem pelo universo sem que saibamos quem as emite, onde a emissão começa nem para onde se dirige, pois em qualquer lugar podemos captá-las mentalmente. Essas ondas Divinas são captadas aqui na terra e podem ser captadas em outras galáxias, distantes da nossa "Via Láctea", e nós as entendemos como as irradiações de Deus, que estão em tudo e em todos os lugares, o tempo todo.

Essas ondas eletromagnéticas Divinas formam como uma tela ou teia sustentadora da criação Divina, por meio da qual se move um oceano de fatores, essências e energias que alimentam essa mesma criação Divina, estabilizando-a ou mantendo-a em equilíbrio.

Estamos acostumados com as formas rústicas da matéria e não temos uma noção das magníficas formas das ondas e dos campos eletromagnéticos formados a partir da condensação de fatores, essências, elementos e energias.

Elas são lindas, encantadoras, fascinantes, absorventes e nos levam a um despertar para os modos como Deus atua em nossa vida ou cria continuamente, expandindo ao infinito Sua criação.

Saibam que, se o plano material é rico nas formas de suas espécies animais, vegetais, minerais ou marinhas, e as espécies de aves, répteis etc. são fascinantes, nas dimensões naturais as formas são tantas e tão belas que não temos como descrevê-las, já que muitas são "diáfanas", como se fossem campos eletromagnéticos vivos. Outras são como fontes energéticas vivas que se deslocam de um lado para outro, irradiando essências ou energias que são coletadas por essa tela Divina formada por ondas eletromagnéticas, que em determinados pontos unem-se e formam correntes que parecem rios etéricos, que se perdem no infinito dessas dimensões da vida, que denominamos de "naturais". Todas regidas pelos Tronos de Deus, os mesmos que são cultuados na Umbanda com o nome de orixás.

Para os pensadores de algumas religiões, a criação de Deus é vista como se existisse só para benefício dos seres humanos. E nehum sai da dimensão meterial ou espiritual humana, limitando Deus e suas divindades venais, até mesmo emocionais.

Para esses pensadores, somos o foco das atenções de Deus que tudo criou "infinitamente" só para satisfazer nosso ego e nossas necessidades venais, até mesmo emocionais.

Uns até chegam ao extremo de afirmar que Deus só existe por e para nossa "causa".

Mas a verdade é outra: somos só uma ínfima parte do universo Divino, que alcança outras dimensões da vida, muito mais populosas que a dimensão material e espiritual humana juntas, pois nelas vivem trilhões de seres semelhantes a nós, só que não são "espíritos humanos", e sim seres naturais, porque não encarnam.

Nessas dimensões da vida, podemos ver fontes energéticas que se irradiam de forma muito parecida com as irradiações ígneas das chamas das velas.

Então nossa curiosidade humana nos levou a estabelecer analogias e a pleitear junto dos senhores Orixás que permitissem a abertura do Mistério das Velas para o plano material da vida, pois um conhecimento sobre elas não existia e muitos até desprezam o seu uso cotidiano, achando que é atraso religioso.

Quando o senhor Ogum Megê liberou, "religiosamente", o Mistério das Velas, ficamos gratificados, pois finalmente o plano material conheceria um dos mais encantadores mistérios religiosos do nosso Divino Criador, além de outros mistérios de Sua criação Divina.

Saibam que as ondas energéticas ígneas irradiadas pelas chamas das velas formam desenhos belíssimos, e uma chama, dependendo da cor da vela, emite vários tipos de ondas, que formam lindos desenhos. E mesmo todas sendo ondas ígneas, umas não tocam nas outras, pois cada tipo ou forma de onda flui num padrão vibratório só seu e com um "comprimento" específico.

Uma mesma chama irradia vários tipos de ondas e cada tipo flui num grau vibratório que só é visível aos clarividentes, pois elas fluem pelas ondas eletromagnéticas sutilíssimas da tela ou teia Divina, a qual já comentamos.

Se mentalmente projetarmos essas ondas ígneas para alguém vivendo no outro lado do nosso planeta, elas fluirão pelas ondas eletromagnéticas da tela Divina e chegarão até o mental da pessoa mentalizada por nós em segundos.

Isso é ciência Divina e a base de todas as magias realizadas desde tempos imemoriais por pessoas dotadas de poderes mentais, já que a chave delas é a mente. O resto são os recursos materiais que temos à nossa disposição, e nada mais.

A chave está no mental e a mente é a ativadora de todas as magias, pois sem essa ativação nada é projetado para além de seu campo natural. E assim que alcança seu limite, é absorvido e diluído na tela ou teia Divina, devolvendo ao éter ou prana o que dele havíamos retirado.

Enfim, ora estamos retirando alguma essência, elemento ou energia do prana por meio dessa tela Divina, ora estamos devolvendo-lhe tudo o que dele havíamos retirado por meio dessa mesma tela eletromagnética, pois nossos chacras também projetam ondas eletromagnéticas sutilíssimas que nos interligam à tela Divina.

Temos sete chacras principais e eles estão vibrando em sete graus ou padrões. Mas também temos chacras secundários e esses vibram em subpadrões ou subgraus magnéticos que também os interligam à tela Divina.

Se o nosso corpo físico ou carnal é uma obra-prima da criação, pois nenhuma célula deixa de ser abastecida pela rede de veias capilares, transportadoras da linfa e do sangue, saturadas de nutrientes fundamentais para o equilíbrio energético, o mesmo acontecendo com os aparelhos respiratório e circulatório, que não deixam de enviar o precioso oxigênio para a "respiração" celular, saibam que temos um corpo energético tão corpo carnal e que, ao desencarnarmos, levamos em nosso espírito nossas cicatrizes, defeitos físicos, cor dos olhos, dos cabelos e da pele, assim como, tanto interna quanto externamente, ele é igual em tudo. Mas, em espírito, todo o ser já é energia vibrando em outro grau ou padrão vibratório.

E aí tudo está sujeito às condições da mente de cada um, pois pouco a pouco cada pessoa será como se sente, sempre em acordo com os seus sentimentos íntimos, irradiados o tempo todo pelo seu mental.

Uns sutilizam-se energeticamente e tornam-se luminosos e diáfanos. Outros se densificam energeticamente, passam por deformações assustadoras que os desfiguram totalmente, tornando-os irreconhecíveis.

A criação Divina é um mistério magnífico e se alguém, aqui do plano material, acender uma vela ao espírito de um parente ou amigo morto, este será envolto por uma energia morna e balsâmica que lhe fará um grande bem.

Mas se acender, magisticamente, uma vela "contra" algum desafeto, este será envolvido por uma energia negativa enfermiça que o incomodará.

Se acender uma vela ao seu Anjo da Guarda, a Jesus Cristo, aos Tronos ou mesmo a Deus, todos Eles receberão um fluxo ígneo, que transmutarão em irradiações vivas e farão retornar por meio da mesma tela eletromagnética Divina que Lhes enviou o fluxo ígneo.

Mistérios, mistérios e mistérios!

São tantos que não temos como vislumbrá-los e descrevê-los, senão com nossa limitada capacidade humana. Mas se ela é limitada, compete a nós, os humanos, expandi-la cada vez mais, pois só assim alcançaremos, aqui na Terra, os níveis excelsos do conhecimento Divino.

Temos comentado alguns desses níveis através do nosso médium psicógrafo, também ele um pleiteador da abertura dos mistérios Divinos ao plano material da vida, já que só assim as pessoas deixarão de lado suas concepções religiosas mesquinhas e se abrirão para a concepção religiosa Divina de Deus e de suas divindades regentes da evolução dos seres, das criaturas e das espécies: Os Divinos Tronos de Deus!

Seiman Hamisser yê

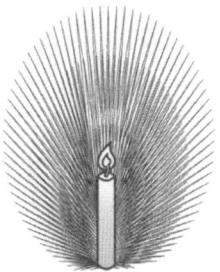

# O Que São as Ondas Eletromagnéticas?

Sabemos que, no plano "físico", o universo é cortado por ondas dos mais diversos tipos, tais como ondas de rádio, ondas de raio X, ondas infravermelhas etc., emitidas por planetas, estrelas, constelações etc. Mas as ondas eletromagnéticas que desejamos abordar não são essas ondas físicas, e sim ondas tão sutis que só a partir do plano espiritual é possível captá-las e identificá-las, pois elas formam a tela Divina que dá sustentação a toda a criação de Deus.

Até onde nos foi possível estudá-las, elas se assemelham a uma teia de aranha com correntes eletromagnéticas se cruzando em todas as direções, formando uma tela tão grande quanto a criação Divina. E se esta é infinita, a sua tela eletromagnética também não tem começo ou fim, porque está presente em todos os quadrantes do universo, dando sustentação básica ou fundamental a tudo o que Deus criou nas muitas dimensões da vida que se situam nos muitos graus magnéticos ou vibratórios da escala Divina da criação.

Vamos dizer assim: se a criação Divina estivesse contida num quadrado, essas ondas eletromagnéticas sairiam de um lado do quadrado e o cruzariam em todas as direções. E de cada um dos lados desse quadrado sairiam ondas ligando-o aos outros lados, criando um espaço todo cortado por ondas, que fluiriam em todos os sentidos.

Com isso em mente, então, poderíamos dizer que não existe espaço vazio no quadrado da criação Divina, porque correntes eletromagnéticas o ocupam totalmente.

Também podemos ocupar esse quadrado com água e dizer que ele está todo ocupado porque está cheio até as suas bordas. "Deus é infinito em Si mesmo e está presente em toda a Sua criação Divina, seja ela animada ou inanimada (seres ou substâncias)."

Podemos notar a onipresença de Deus já nessa Sua tela eletromagnética Divina, dentro da qual está tudo o que Ele criou. E ela é tão perfeita que o que Ele criou, o fez dentro dessa Sua tela eletromagnética que interpenetra toda a sua criação Divina, em todos os níveis vibratórios, graus magnéticos e dimensões da vida.

Um átomo está dentro dessa tela, cujas ondas "atravessam" até as partículas subatômicas que o formam.

Ela é tão sutil que atravessa até as essências que, agregadas umas às outras, dão origem às partículas subatômicas.

Logo, tudo o que existe, por menor que seja, ainda está "dentro" dessa tela eletromagnética Divina, que passa por dentro do que de menor existir na criação Divina.

Pronto! Chegamos a uma "base" sobre a qual Deus "erigiu" Sua criação!

Mas um cético poderá nos questionar com essa indagação:

— O que os faz crer que essa é a "base" sobre a qual Deus deu início à Sua criação Divina? O que os leva a crer que, anterior a ela, não existe outra "coisa" que lhe deu origem?

E nós respondemos:

— A base da criação Divina é essa tela eletromagnética. Mas o que deu origem a ela foram as "ondas fatorais".

— O que são ondas fatorais? — redarguirá o cético.

— Onda fatoral é a menor onda existente. E um "feixe" delas forma uma onda eletromagnética Divina.

Se ousarmos afirmar, aqui, que as ondas fatorais são a menor onda existente, é porque o que está dando origem a elas é um mistério próprio do Divino Criador, impossível até de ser descrito por nós, os Mestres da Luz.

Só para que tenham uma ideia do que estamos afirmando, saibam que o "prana" ou éter universal é energia que flui por meio das ondas eletromagnéticas, que atuam como agregadoras ou condensadoras das essências, que nelas são amalgamadas e dão origem aos elementos, que também são misturados e amalgamados, dando origem às energias simples ou puras, que também são agregadas e amalgamadas, dando origem às energias mistas, que também são agregadas e amalgamadas, dando origem às energias compostas que, estas sim, são misturadas pelas correntes eletromagnéticas que vão espalhando-as e formando esse éter universal ou "prana".

Observem que, em termos comparativos, podemos dizer que uma onda fatoral tem o "diâmetro" de um fio de cabelo e uma onda energética tem o diâmetro do Sol.

Só essa comparação já dá uma ideia da dimensão da escala de comparações das grandezas das ondas fatorais com as ondas energéticas.

Saibam que as ondas energéticas são transportadoras de energias compostas, formadas pela agregação de energias mistas, que são a agregação de energias puras, que são agregados de elementos compostos, que são agregados de elementos puros, que são agregados de essências compostas, que são agregados de essências puras, que são agregações de ondas fatorais, que são em si a "energia Divina" ou a energia de Deus, porque são as ondas "primárias" transportadoras da energia mais sutil que existe.

Essa energia Divina é "viva" e dá origem a tudo o que existe, pois ela é a energia que Deus gera em Si, a emana, e nela gera de Si, dando origem à Sua criação Divina (seres, criaturas, substâncias e espécies).

As ondas fatorais transportam essa energia Divina primária e quando elas passam por micropolos magnéticos, estes as juntam em feixes e as irradiam já como ondas magnéticas essenciais, pois esses micropolos absorvem, agregam e amalgamam a energia Divina, criando as essências divinas.

Ondas "magnéticas" irradiam essências, que são coletadas por feixes de ondas fatorais ou correntes eletromagnéticas, que, por sua vez, são irradiadas já compostas.

Enfim, o processo é uma sucessão de agregações, que vão dando origem aos "estados" das coisas, até que chegamos ao estado do mundo sólido ou das substâncias "materiais".

A matéria nada mais é que energias agregadas e colocadas no estado de "repouso vibratório".

Pode parecer complicada a nossa explicação de como surgem as correntes eletromagnéticas que formam a tela Divina, mas não é.

Leiam e releiam o que comentamos e entenderão que a energia Divina está na base da geração, pois nessa energia estão os fatores de Deus.

Suas ondas fatorais transportam esses fatores, que são captados por micropolos magnéticos, que os absorvem, agregam e amalgamam e depois os irradiam por meio de suas ondas magnéticas, já como essências puras.

Essas essências puras são coletadas por fluxos de ondas fatorais magnetizadas, que as vão espalhando por todos os lugares, ou por toda a criação Divina. Mas já no nível magnético-vibratório essencial, micropolos absorvem essas essências puras e as tornam compostas, irradiando-as em suas ondas eletromagnéticas.

Então essas essências compostas são coletadas pelas correntes eletromagnéticas, formadas por grossos feixes de ondas fatorais, que as absorvem e as conduzem a polos eletromagnéticos elementais. E assim sucessivamente até que a energia Divina, original ou fatoral, chegue ao estado da matéria.

E nós, que realizamos estudos apuradíssimos sobre os fatores de Deus, descobrimos que uma pedra irradia o "fator mineral", porque o está gerando em seu interior e emanando-o como uma "fumaça" colorida.

Um vegetal também "gera" o "fator vegetal" e o emana como uma "fumaça".

Um ser humano gera o "fator humano", emanando-o à sua volta, criando a aura.

Se as pedras, os vegetais, os seres humanos, a água etc. geram realmente os fatores, qualificados por nós como mineral, vegetal, humano e aquático, não podemos afirmar com certeza absoluta, pois sabemos que o prana é só uma sucessão de condensações e agregações e que o que pode realmente acontecer é o absorvamos, internalizando-o por meio dos nossos chacras. Dentro do nosso corpo energético esse éter ou energia é "partido" ou desagregado em micropartículas energéticas, que nada mais são que os originais fatores formadores da energia Divina absorvida pelas ondas fatorais e tudo se repete, tal como acontece na digestão dos alimentos.

Quem sabe com a energia Divina não acontece o mesmo que com os alimentos que nos sustentam?

Quem sabe o ciclo do "nitrogênio" ou o da "água" descritos pela biologia não seja uma repetição, no nível físico, do mesmo processo energético que começa com a condensação dos fatores na energia Divina e que, após uma sucessão de condensações e agregações, desemboca no éter universal ou prana, que é absorvido pelos seres, pelas criaturas, pelas espécies que internalizam esse prana e o fazem passar por uma "digestão", partindo-o todo em fatores, que são a menor parte da energia?

Quem sabe o que acontece, já que tudo é energia, é que umas, mais sutis, vão sendo agregadas num grau vibratório dentro de um polo magnético e depois vão sendo irradiadas já em outro grau, mais denso, mais concentrado, já em um novo desdobramento da própria criação Divina?

Essa descrição, embora simplista, dá uma ideia do processo Divino no universo das energias vivas de Deus, impossível de ser visualizado pelos olhos materialistas ou de ser captado pelos aparelhos já desenvolvidos pelo homem, se bem que a cromoterapia lide com ela, já densa, a kirlianografia fotografe nossa "energia humana" e a radiestesia capte e redirecione certas energias ainda mais densas, quase físicas e possíveis de serem estudadas segundo métodos científicos.

Já as ondas energéticas irradiadas pelas chamas das velas só podem ser vistas e descritas por pessoas dotadas de uma clarividência apuradíssima.

Elas são sutis e ligam-se às telas vibratórias planetárias dos Tronos regentes, telas que são vivas e divinas.

Aqui, em momento algum estamos falando de ondas, magnetismos e energias físicas ou oriundas do nosso plano material da vida, mas sim de coisas só possíveis de serem vistas pela visão espiritual e possíveis de serem captadas e analisadas por aparelhos desenvolvidos na dimensão espiritual da vida em seus níveis evolutivos mais elevados.

Portanto, se usamos termos utilizados pelas ciências acadêmicas, é para sermos compreendidos e nada mais, já que abordamos um mistério energético pertinente à magia, à religião e ao espírito, coisas não atraentes aos pesquisadores acadêmicos que estudam as coisas pertinentes ao nosso plano material.

Magia e religião só podem ser estudadas a partir da aceitação plena e incondicional dos seus mistérios vivos e Divinos.

E as velas de todas as cores são pontos de interseção com o mistério das energias vivas de Deus e de suas divindades.

Portanto, quando usamos termos empregados pelas ciências acadêmicas, só o fazemos para que, a partir de palavras já conhecidas, possa haver uma melhor compreensão do universo energético Divino, espiritual e mágico centrado nas chamas das velas e ensinado por nós na Magia Divina das Sete Chamas Sagradas. A nossa popular Magia das Velas!

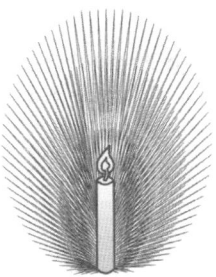

# Os Desenhos Formados pelas Ondas Ígneas

As velas são um mistério, pois suas chamas emitem ondas ígneas que assumem formas as mais diversas, mas só são visíveis a quem é clarividente, já que são emitidas num padrão vibratório invisível à visão "física" ou material do ser humano.

Assim como as ondas das rádios não impressionam nossos tímpanos, pois fluem num outro padrão vibratório, assim como não ouvimos as ondas sonoras irradiadas pelos transmissores das rádios, os nossos olhos "carnais" não veem as ondas ígneas emanadas pela chama das velas. Mas aos clarividentes elas são visíveis e podem desenhar suas formas.

Elas assumem formas belíssimas, que vão desaparecendo no meio do éter universal, que as absorve. Mas enquanto são visíveis, mostram-nos os muitos tipos de ondas que circulam no meio desse éter ou prana, pois o que acontece realmente é que as chamas das velas emanam ondas energéticas saturadas de essências "ígneas", que são coletadas pelas ondas energéticas que fluem em todos os sentidos e nas mais diversas formas.

Essas formas obedecem a padrões vibratórios, a tipos de magnetismos, a campos ou correntes eletromagnéticas coletoras de todos os tipos de essências.

Por meio da observação das chamas das velas, vemos irradiações análogas às irradiações dos Tronos de Deus.

Por meio delas também podemos estudar as muitas formas das ondas eletromagnéticas que fluem em todas as direções na criação Divina.

Nas chamas das velas podemos ver ondas ígneas parecidas com as que são irradiadas pelos pontos de forças da natureza, que são os chacras planetários multidimensionais, que emitem energias que são conduzidas por poderosas correntes eletromagnéticas a todos os quadrantes das muitas dimensões da vida dentro do nosso todo planetário.

Esses chacras ou vórtices planetários retiram energias do nosso plano material e as enviam a todas as outras dimensões existentes paralelamente com a nossa dimensão espiritual. Mas também coletam as energias geradas nas outras dimensões e as transportam até a nossa dimensão humana da vida, numa troca energética contínua.

Sabemos que as energias do plano material são as mais densas e que vão sendo fracionadas pelas ondas das correntes eletromagnéticas multidimensionais.

Esse fracionamento obedece ao mesmo processo da nossa digestão, quando ingerimos alimentos sólidos e eles vão sendo partidos em "pedaços" cada vez menores, até que é possível a retirada das vitaminas, proteínas, lipídios etc., que são lançados na corrente sanguínea e chegam às células.

As energias do plano material são absorvidas pelos vórtices energéticos e, dentro deles, elas vão sendo fracionadas e conduzidas por ondas energéticas às dimensões paralelas, onde são absorvidas pelos seres, criaturas e espécies que nelas vivem. E essas mesmas ondas energéticas retornam à nossa dimensão humana, carregadas das sutilíssimas energias nelas existentes, descarregando-se no nosso prana ou éter universal.

Então, numa troca energética contínua, ora doamos, ora recebemos energias, mantendo um equilíbrio no todo planetário que é multidimensional e atende a muitos desígnios do Divino Criador.

Adiante, poderão ser vistos alguns dos "desenhos" que as ondas formam com as essências ígneas emanadas pelas chamas das velas.

Dependendo da cor das velas que acenderem, novos desenhos se formarão.

Essas ondas ígneas tanto são absorvidas pelas correntes eletromagnéticas quanto podem ser projetadas a distâncias longínquas, alcançando o alvo que mentalizarmos.

A nossa mente é a chave do processo, pois se mentalizarmos uma pessoa, as ondas chegarão até ela. E caso essa pessoa tenha falecido, as ondas chegarão até seu espírito, esteja ele onde estiver no mundo espiritual.

Essa nossa mente é direcionadora de energias e ativadora de processos mágicos ou teúrgicos.

Quantos, na mais pura fé, não acendem sua vela e a oferecem a Deus, a uma de suas divindades, a um Santo, a um espírito amigo, confiantes de que esse ato singelo reverterá numa ajuda, num amparo, numa proteção ou orientação superior.

Certamente acontecerá um retorno e quem a acendeu será beneficiado de alguma forma.

No passado, os "magos do fogo", ao acenderem suas piras rituais, usavam só certas espécies de madeira, pois as chamas, dependendo da espécie usada, projetavam um tipo de energia própria para o fim desejado por eles.

Quando surgiram as velas de cera de abelha, muitos adaptaram suas magias a elas e outros recorreram à mistura de elementos minerais para obter os mesmos resultados.

Mas até hoje o uso das piras se mantém em algumas regiões e religiões, pois o fogo "religioso" delas é um purificador único.

No passado remotíssimo, muitos povos cultuavam as divindades por meio dos elementos da natureza:

- Divindades associadas ao ar ou eólicas;
- Divindades associadas à terra ou telúricas;
- Divindades associadas à água ou aquáticas;
- Divindades associadas ao fogo ou ígneas;
- Divindades associadas aos minérios ou minerais;
- Divindades associadas às ervas ou vegetais;
- Divindades associadas aos cristais ou cristalinas;
- Divindades associadas ao tempo ou temporais.

Enfim, cultuavam as divindades naturais por meio dos seus elementos, pois estes emanam essências ou fatores análogos aos das divindades que os regem e também porque o magnetismo e suas ondas vibratórias são análogas, obedecendo a uma sequência ou desdobramento das ondas fatorais transportadoras dos fatores Divinos, que dão origem à energia viva de Deus, o nosso Divino Criador!

Extasiem seus olhos com a beleza dos desenhos formados pelas ondas ígneas, pois elas mostram as muitas formas que Deus tem de penetrar em nossa mente e nos direcionar, segundo sua vontade maior.

| *A escala das cores das velas* | | |
|---|---|---|
| • Azul-claro | • Roxo | • Magenta |
| • Rosa | • Marrom | • Amarelo |
| • Verde | • Azul-escuro | • Dourado |
| • Lilás | • Vermelho | • Branco |

Na vela branca estão todos os tipos de irradiações primárias e nas coloridas as irradiações mistas ou compostas, repetindo o fenômeno físico da luz branca, que, ao ser defracionada, mostra-se como um arco-íris.

De um modo geral, podemos dizer que a vela branca traz em si todas as irradiações e as projeta assim que é acesa e que as coloridas irradiam ondas compostas, originadas da fusão de ondas primárias irradiadas pela sua chama.

Já a vela preta, quando é acesa, forma vários tipos de ondas, cujo maior fenômeno é o de absorver essências coloridas e fundi-las, adquirindo um magnetismo absorvente desagregador de muitos tipos de energias espirituais ou elementais.

A vela azul-escura, por outro lado, além de emitir vários tipos de ondas ao absorver a essência eólica existente no éter, emite, por meio de sua chama, uma onda tão polarizadora que é associada ao Trono da Lei — a potência Divina!

Enfim, quando associamos uma vela e uma cor a uma divindade, é porque uma de suas ondas se destaca e tem correspondência com sua energia viva ou com o campo em que ela atua.

A vela vermelha é compartilhada por oito Tronos de Deus e é associada diretamente ao elemento fogo e ao Trono da Justiça. Mas, na verdade, a cor original desse Trono é um dourado parecido com a cor dos raios vistos durante as tempestades, cujos relâmpagos ofuscam nossa visão.

Assim, se associamos a vela vermelha ao Trono da Justiça, é porque ela emite uma onda purificadora tão poderosa que consome todas as condensações energéticas desordenadas ou desequilibradas. E quando direcionada magisticamente para um espírito, consome todas as suas energias negativas e devolve-lhe seu equilíbrio mental e vibratório, curando-o e libertando-o dos seus próprios sentimentos negativos.

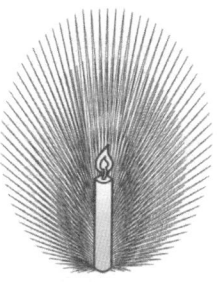

# As Velas

As velas, em si, são um mistério religioso disseminado por todas as religiões do mundo e só algumas não as adotam. Mas se soubessem que elas têm uma utilidade importantíssima, com certeza também adotariam o seu uso durante seus rituais.

As velas são um substituto muito prático às piras ardentes da antiguidade, nos remotíssimos cultos às divindades do fogo, saudadas com tochas ardentes ou fogueiras.

Ninguém pode afirmar ao certo quando começou o uso das velas, pois com certeza quem as inventou tinha outros objetivos em mente.

O fato é que as velas são um mistério em si e, quando acesas magística ou religiosamente, são um poderoso elemento religioso mágico, energético e vibratório que atua no espírito de quem receber sua irradiação ígnea.

O uso religioso das velas justifica-se porque quando as acendemos, elas tanto consomem energias do "prana" quanto o energizam, e seus halos luminosos interpenetram as sete dimensões básicas da vida, enviando a elas suas irradiações ígneas.

É essa capacidade das velas que as tornam elementos mágicos por excelência, pois por meio de suas irradiações e suas vibrações incandescentes é possível todo um intercâmbio energético com os seres que vivem nas outras dimensões e com os espíritos estacionados nas esferas ou níveis vibratórios positivos e negativos.

Essa capacidade delas justifica seu uso até quando são acesas para o espírito de alguém que desencarnou, pois ele irá receber um fluxo luminoso, curador de seu corpo energético, fortalecedor de seu mental e terá seu emocional reequilibrado, caso tenha sido atraído pelo magnetismo de uma esfera ou nível vibratório negativo. Mas caso esteja em alguma esfera positiva e luminosa, também receberá o fluxo da vela do mesmo jeito, incorporando-o ao seu corpo energético e fortalecendo seu magnetismo mental.

Saibam que o fluxo irradiante de uma vela, se for ativado por sentimentos virtuosos, é muito positivo e gratificante a quem o receber. Agora, se os sentimentos de quem a ativar magicamente forem negativos, o fluxo será desenergizador, desmagnetizador, emotivo e poderá romper a aura da pessoa à qual for direcionado, assim como poderá "queimar" o corpo energético dos espíritos alvos de suas irradiações ígneas.

Só que, no caso de quem ativa negativamente uma vela contra alguma pessoa ou espírito, acontece uma reação imediata e fulminante da Lei Maior e da Justiça Divina, pois quem a ativou perdeu sua própria luz e, com o tempo, a dor de quem foi atingido retornará e o atingirá com o rigor da lei.

Portanto, uma vela só deve ser acesa por um bom motivo e por sentimentos virtuosos, pois, na mesma proporção, a Lei Maior retribuirá com luz Divina quem deu luz a alguém necessitado ou merecedor de suas irradiações.

O ato de acender velas brancas ao Anjo da Guarda é muito positivo e funciona mesmo. Ele tanto a usará para atuar em favor da pessoa guardada por ele, quanto para energizar-se com uma irradiação ígnea poderosíssima, capaz de acelerar imediatamente suas vibrações e expandir suas irradiações mentais, pois como já comentamos, seu mental será fortalecido.

As velas usadas nos templos têm o poder de consumir as energias negativas e os miasmas que são descarregados pelos seus frequentadores dentro do seu campo eletromagnético, assim como, num intercâmbio energético, recebem da divindade à qual foram consagradas um fluxo de energia Divina que se espalha pelo altar e irradia-se pelo espaço interno, alcançando quem se encontrar dentro dele.

Magisticamente, as velas criam passagens ou comunicações com outras dimensões da vida e tanto podem enviar-lhes suas energias, como podem retirar delas as que estão sendo necessárias a alguém.

Por isso, toda oferenda, ritual ou solicitação de auxílio às divindades e aos guias e protetores espirituais deve ser precedida do ato de acender uma ou várias velas, pois suas ondas serão usadas no retorno e trarão a quem oferendou ou solicitou auxílio um fluxo energético natural (de elemento), ou Divino (de divindade), ou espiritual (do espírito guia).

Em magia, o uso de velas é indispensável, porque são elas que projetam ou captam as energias mais sutis, assim como abrem campos eletromagnéticos limitados ao campo ativo delas, mas que interpenetram outras dimensões, esferas ou níveis vibratórios.

Quando um desses campos eletromagnéticos é aberto magisticamente, ele permanecerá ativo até que seja fechado ou redirecionado contra quem o ativou. Isso caso seja uma magia negativa, pois caso ela seja positiva, não há por que fechá-lo, certo?

O fato é que a Umbanda e outras religiões recorrem intensamente ao uso das velas e as usam:

- Para iluminar seus altares e suas casas das almas ou cruzeiros;
- Quando oferendam as divindades ou os guias protetores;
- Para magias positivas ativadas para cortar demandas, magias negras, feitiços, encantamentos etc.

Os resultados são ótimos e, na maioria das vezes, benéficos, pois só se beneficia realmente quem é merecedor, já que o uso das velas atende a necessidades religiosas regidas pela Lei Maior e pela Justiça Divina em seus recursos mágicos.

Magias negativas, tais como acender vela preta em cima do nome ou da fotografia de alguém; escrever o nome de alguém em uma vela e depois acendê-la de ponta-cabeça; acender velas para "amarrar" marido, amante ou namorado; acender velas para fechar os caminhos ou as portas de alguém ou para "afundar-lhe" a vida são entendidas como fraqueza ou negatividade de quem o faz e não demora muito para que a Lei Maior e a Justiça Divina providenciem os merecidos choques de retorno ou punições exemplares a quem recorre a essas magias condenáveis.

Tudo é só uma questão de tempo, pois se podemos agir positivamente, então nada justifica o mau uso que dão às velas e aos mistérios mágicos negativos que são ativados quando são acesas com interesses mesquinhos ou desumanos.

É muito positivo acender uma vela branca de sete dias sobre a fotografia de uma pessoa que esteja doente ou desenergizada, pois enquanto durar a chama da vela, um halo luminoso (que não é a aura) permanecerá em torno da pessoa doente, retirando do seu corpo energético os acúmulos de energias enfermiças. E, caso a pessoa esteja desenergizada, a sua aura absorverá do halo tantas energias quantas forem possíveis.

A vela deverá ser colocada sobre a cabeça da pessoa doente ou desenergizada retratada na fotografia.

Caso a pessoa esteja sofrendo por causa de uma magia negra, deve-se firmar sobre sua cabeça, na fotografia, uma vela branca de sete dias, e firmar em cruz e, fora da fotografia, outras quatro velas de sete dias, mas nas cores azul-escuro, amarelo, vermelho e laranja.

- A vela azul deve ficar diante da cabeça: norte.
- A vela laranja deve ficar diante dos pés: sul.
- A vela vermelha deve ficar à direita: leste.
- A vela amarela deve ficar à esquerda: oeste.

Tendo formado a cruz, deve-se clamar por Deus, pela Sua Justiça Divina e pela ação de Sua Lei Maior, pedindo que aquela pessoa seja purificada e livrada de quaisquer magias negativas, de atuações de espíritos trevosos, de maldições, de mau-olhado, de pragas e que quem as projetou, que as receba de volta até que venha a ser purificado tanto pela Lei Maior quanto pela Justiça Divina.

Também se deve clamar à Lei Maior e à Justiça Divina se houver algum ponto mágico negativo firmado ou alguma magia negativa e seu respectivo campo eletromagnético ativados contra a pessoa na fotografia para que no poder da Lei Maior e da Justiça Divina sejam diluídos, purificados e fechados, deixando de existir tanto no plano material quanto espiritual, para que deixem de atuar negativamente contra a pessoa.

Deve-se, ainda, clamar à Lei Maior e à Justiça Divina que, caso algumas entidades negativas tenham sido ativadas magicamente contra a pessoa na fotografia, então que a Lei Maior e a Justiça Divina as redirecionem, segundo a lei de causas e efeitos, e que cada um receba segundo seu merecimento.

Fim de uma magia negativa!

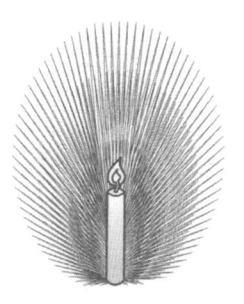

# Ondas Vibratórias
## – A Base da Criação Divina

    Tudo na criação Divina é ordenado e obedece a ondas vibratórias imutáveis emanadas por Deus e que dão forma a tudo o que existe no plano material, no espiritual e nas dimensões paralelas.
    A ciência construiu um modelo geral para explicar a estrutura dos átomos. Mas se um dia conseguirem construir aparelhos que mostrem as verdadeiras estruturas dos átomos, verão que a do átomo de carbono não é igual à do de mercúrio ou do irídio etc.
    Cada átomo tem sua estrutura e se fosse possível visualizá-la a olho nu, veríamos formas fascinantes que obedecem aos seus magnetismos nucleares, cada um diferente de todos os outros. A estrutura dos átomos forma símbolos geométricos lindíssimos.
    Todos obedecem à "geometria Divina", que dá forma a tudo o que existe, pois cada átomo tem um modo de acomodar-se, fazendo com que surjam as substâncias ou a matéria.
    Essa geometria Divina surge em função das ondas vibratórias, mistério só agora aberto ao conhecimento do plano material em nossa obra mediúnica, mas que, futuramente, auxiliará a compreensão da própria geometria e, o mais importante, pois este é o nosso objetivo: irá nos ajudar a compreender a forma como Deus gera e multiplica sua criação!
    Já comentamos em nosso livro, "A Gênese Divina de Umbanda" que todos somos gerados por Deus e magnetizados numa de suas ondas fatoriais, que são regidas por suas divindades, das quais nos tornamos herdeiros naturais, pois herdamos suas características básicas.

Também já comentamos que são os fatores que definem a natureza das pessoas e suas características mais marcantes.

Dissemos também que as ondas vibratórias dão forma a tudo o que existe, pois Deus gera o tempo todo, e tudo é gerado em Suas emanações ou ondas vivas divinas, as quais estão na origem de tudo o que Ele gera.

Já descrevemos como uma onda fatoral vai fluindo e magnetiza-se ao cruzar com outra, e ambas tornam-se ondas fatorais magnetizadas, capazes de gerar essências etc.

Explicamos que todas as divindades têm suas estrelas vivas, capazes de emitir ondas vivas, que se ligam ao mental dos seres, abrindo ou fechando suas faculdades mentais.

Muitas outras coisas já comentamos nessa nossa obra, e não vamos nos repetir aqui. Apenas queremos que cada um por si, e usando sua faculdade visual, comece a descobrir que uma mesma onda vibratória ordena a formação de uma gema preciosa, de uma flor, de um órgão do corpo humano e de um tipo de irradiação que emitimos quando vibramos um sentimento.

Tudo mantém uma correspondência analógica. A onda coronal de Oxum dá forma às maçãs, e, o bom observador, aí, verá que a associação entre a maçã e o amor não é casual, assim como entre ela e o fruto proibido da Bíblia, pois as ondas femininas emitidas pelo chacra cardíaco, quando as mulheres estão vibrando o amor, têm uma estrutura coronal ou a forma de corações que se projetam na direção do ser amado.

Até os nossos sentimentos possuem uma estrutura ou forma ao serem projetados, e o amor de uma mãe pelo seu filho tem sua forma, que é a conchoide (ou forma de uma concha).

Uma pessoa encolerizada emite ondas raiadas simples rubras. Já uma pessoa equilibrada emite ondas raiadas duplas e, mas de cor alaranjada, acalmando quem as absorver.

Observem um rubi, um diamante e uma ametista e verão alguns sólidos palpáveis que mantêm a estrutura das ondas projetadas por Ogum, Iemanjá e Oxum, que são os Tronos da Lei, da Geração e do Amor.

Sim, o crescimento dessas gemas obedece aos fatores e magnetismos que as ondas vibratórias projetadas por eles irradiam.

As ondas deles têm formas bem definidas e, assim que se polarizam, criam magnetismos muito bem definidos, que podemos visualizar nas gemas preciosas, nos frutos, nas folhas, nos movimentos dos animais etc.

Observem o deslocamento sinuoso das cobras e verão como fluem as ondas vibratórias do orixá Oxumaré, Trono do Amor.

Observem o crescimento dos caules de bambu e verão como fluem as ondas vibratórias de Iansã, Trono da Lei.

Ondas vibratórias estão em tudo, seja físico, espiritual ou mental. A natureza física é a concretização dos muitos tipos de ondas:

- A fé possui suas ondas congregadoras.
- O amor possui suas ondas agregadoras.
- O conhecimento possui suas ondas expansoras.
- A razão possui suas ondas equilibradoras.
- A lei possui suas ondas ordenadoras.
- A evolução possui suas ondas transmutadoras.
- A geração possui suas ondas criativas.

Cada onda possui seu fator, sua essência, seu elemento, sua energia e sua matéria, que mostra como ela flui, dando origem a tudo e a tudo energizando ou desdobrando "geneticamente".

Nada existe se não estiver calcado em uma ou em várias ondas vibratórias.

Às vezes podemos ver numa mesma planta vários tipos de ondas vibratórias, pois é preciso a junção de várias delas para que a genética se desdobre e dê origem a coisas concretas e palpáveis aos nossos órgãos físicos, os quais também obedecem a ondas sensoriais, visto que são a concretização dos nossos órgãos dos sentidos que, por sua vez, são a exteriorização dos sentidos da vida que herdamos do nosso Divino Criador.

### Símbolos religiosos

São a fixação de ondas vibratórias e assumem aparências que nos concentram, elevam e direcionam.

### Signos

São "pedaços" das formas que os magnetismos assumem quando as ondas que os geram são polarizadas ou se entrecruzam.

## Magia (inscrita ou pontos riscados)

É a afixação mágica de ondas vibratórias ou de signos magnéticos, que são riscados, potencializados e ativados pelos guias espirituais ou pelos magos autorizados a riscá-los.

## Projeção de ondas de pensamento ou de ideias

É a concretização do pensamento, que assume uma forma bem definida e possível de ser descrita.

Na criação Divina tudo vibra, pulsa ou irradia-se. Nada é, de fato, imóvel ou estático, apenas se mostra em estado de "repouso".

A mesma onda fatoral que magnetiza os filhos de um orixá magnetiza, também, seus animais, suas pedras, suas folhas ou ervas e os sentimentos vibrados por meio do sentido da vida regido por ele.

A onda vibratória cristalina dos Tronos da Fé nasce em Deus, que a emana viva, geradora e criadora; é nessa onda que a nossa fé é fortalecida ou que um quartzo é gerado na natureza.

Essa onda vibratória cristalina flui num padrão só seu por toda a criação Divina, e tudo o que for gerado no padrão por ela definido a terá como sustentadora.

Ao nos afinizarmos com Deus e suas divindades por meio da fé, o fazemos mediante essa onda vibratória cristalina, que é congregadora.

Porém, se nos afinizarmos por meio do amor, então o faremos mediante a onda vibratória mineral de Oxum, que é agregadora.

• Nós irradiamos o sentimento de fé pela mente ou pelo chacra coronal (de coroa).

• Nós irradiamos o sentimento de amor pelo coração ou por meio do chacra cardíaco (de coração).

Enfim, as ondas vibratórias mantêm suas formas mesmo que sofram transmutações desde o momento em que são emanadas por Deus, pois se destinam a aspectos diferentes de uma mesma coisa, seja agregadora ou congregadora, expansora ou ordenadora.

# A Estrutura do Pensamento e a Magnetização

A própria estrutura do "pensamento" obedece às ondas vibratórias e, caso alguém tenha sido magnetizado numa onda cristalina, a estrutura do seu pensamento será religiosa. Mas se a sua magnetização ocorreu numa onda mineral, então a estrutura do seu pensamento será conceptiva.

A pedagogia e a psicologia usam do recurso dos testes vocacionais para descobrir em que tipo de atividade uma pessoa se sai melhor. Quanto a isso, dizemos que, caso o profissional tenha um conhecimento profundo das estruturas do pensamento, com certeza chegará ao âmago do ser ou à sua alma, pois é durante a magnetização dele, numa onda fatoral, que sua alma é separada de Deus e assume a individualidade, podendo, a partir daí, ser chamado de ser.

**As estruturas do pensamento são:**
- Cristalina
- Mineral
- Vegetal
- Ígnea
- Eólica
- Telúrica
- Aquática

### Pensamento de Estrutura Cristalina ou Religiosa

Pertence a pessoas cuja alma é congregadora e seu campo vocacional é o religioso.

### Pensamento de Estrutura Mineral ou Conceptiva

Pertence a pessoas cuja alma é agregadora e seu campo vocacional é o conceptivo.

### Pensamento de Estrutura Vegetal ou Cognitiva

Pertence a pessoas cuja alma é expansora e seu campo vocacional é o conhecimento.

### Pensamento de Estrutura Ígnea ou Equilibradora

Pertence a pessoas cuja alma é racionalista e seu campo vocacional é o equilibrador.

### Pensamento de Estrutura Eólica ou Ordenadora

Pertence a pessoas cuja alma é direcionadora e seu campo vocacional é o ordenador.

### Pensamento de Estrutura Telúrica ou Transmutadora

Pertence a pessoas cuja alma é transmutadora e seu campo vocacional é o evolutivo.

### Pensamento de Estrutura Aquática ou Criativa

Pertence a pessoas cuja alma é geradora e seu campo vocacional é o criativo.

Dependendo da estrutura do pensamento de uma pessoa, se ela estiver fora do seu campo vocacional, será tida como pouco hábil, pouco capacitada ou inapta. Mas se isso ocorre, é justamente porque sua atividade não encontra ressonância em sua alma e seu pensamento não consegue lidar naturalmente com os processos inerentes a uma atividade fora do seu campo vocacional.

Muitos entendem as dificuldades vocacionais como introversão, timidez ou insegurança, mas a verdade resume-se no seguinte: pessoas com dificuldades vocacionais não estão realizando atividades inerentes à estrutura de seus pensamentos.

Se uma pessoa tem vocação religiosa é porque seu pensamento foi estruturado pelo magnetismo cristalino, permitindo-lhe captar com facilidade as ondas vibratórias cristalinas que fluem à sua volta; assim, as coisas religiosas são o seu alimento emocional. Mas se essa não for a estrutura do seu pensamento, então as coisas religiosas lhe serão enfadonhas, cansativas ou desinteressantes.

Atentem bem para isso e descobrirão a estrutura do seu pensamento.

Esse tem sido o embate dos pensadores humanos: uns tentando predominar sobre os outros ou invalidá-los, pois se julgam indispensáveis ou julgam os outros dispensáveis.

Pensadores religiosos julgam perniciosa a criatividade de vanguarda dos artistas (criativos) e estes, por sua vez, julgam aqueles culpados da paralisia da criatividade humana.

O fato é que há sete estruturas básicas de pensamento e são tão visíveis que só não as vê quem não quer.

Na face da terra há:
- Uma estrutura de pensamento que é religiosa e se destaca em todas as religiões, o que iguala todos os religiosos, congregadores ímpares;
- Uma estrutura conceptiva que iguala todos os conceptores, seja por meio do casamento ou dos ideólogos que, concebem ideias agregadoras de enormes contingentes de adeptos;
- Uma estrutura do raciocínio que iguala professores, cientistas e pesquisadores, expansores naturais do conhecimento humano;
- Uma estrutura da razão que iguala a justiça e seus métodos de equilibrar opiniões contrárias, seja aqui ou no outro lado do planeta;
- Uma estrutura ordenadora que, mesmo em culturas diferentes, sempre se mostra parecida, pois todas possuem seus exércitos e policiais;
- Uma estrutura evolutiva que se mostra na macroestrutura, por meio dos povos mais evoluídos que transmutam valores e conceitos e os difundem para o resto do mundo, alterando valores arcaicos, ou pode ser vista na microestrutura, nas pessoas dotadas de uma capacidade ímpar para transmutar os sentimentos dos que vivem à volta delas;
- Uma estrutura geradora que proporciona às pessoas os recursos íntimos necessários às suas adaptações aos meios mais adversos, pois as dota de uma criatividade maleável como a própria água.

Não importa se alguém é juiz de direito, juiz de paz ou de futebol, pois, na essência, a estrutura de seus pensamentos é equilibradora e todos atuam para dirimir dúvidas e equilibrar as partes em litígio.

Não importa se alguém é padre, rabino ou babalorixá, pois todos se dedicam a doutrinar religiosamente seus fiéis e a dar-lhes o amparo religioso.

Não importa se alguém é professor de música, de matemática ou de esgrima, pois todos se dedicam a ensinar seus semelhantes, expandindo suas faculdades mentais e estimulando o aprendizado, objetivo primeiro da estrutura "vegetal" do pensamento.

Todas as estruturas individuais de pensamento são sustentadas pelas estruturas divinas formadas por ondas vibratórias que fluem por toda a criação.

Essas macroestruturas do pensamento dão sustentação às estruturas individuais e nós as denominamos de Irradiações Divinas, já fartamente comentadas em nossos livros e revistas aqui.

## *Irradiações Divinas*

### Irradiação da Fé

Flui por meio das suas ondas vibratórias cristalinas, as quais as pessoas atraem sempre que vibram sentimentos religiosos, fortalecendo-se nesse sentido da vida.

### Irradiação do Amor

Flui por meio das suas ondas vibratórias minerais, as quais as pessoas atraem sempre que vibram sentimentos fraternais, crescendo nesse sentido da vida.

### Irradiação do Conhecimento

Flui por meio das suas ondas vibratórias vegetais, as quais as pessoas atraem sempre que se voltam para o aprendizado e o aguçamento do raciocínio, expandindo-se nesse sentido da vida.

### Irradiação da Justiça

Flui por meio das suas ondas vibratórias ígneas, as quais as pessoas atraem sempre que se racionalizam, equilibrando-se nesse sentido da vida.

### Irradiação da Lei

Flui por meio de suas ondas vibratórias eólicas, as quais as pessoas atraem sempre que se direcionam numa senda reta, ordenando-se nesse sentido da vida.

## Irradiação da Evolução

Flui por meio de suas ondas vibratórias telúrico-aquáticas, as quais as pessoas atraem sempre que se transmutam com sabedoria, estabilizando-se nesse sentido da vida.

## Irradiação da Geração

Flui por meio de suas ondas vibratórias aquáticas, as quais as pessoas atraem sempre que preservam a vida no seu todo ou nas suas partes, conscientizando-se nesse sentido da vida.

São sete emanações de Deus, sete irradiações Divinas, sete ondas vivas geradoras de energias Divinas, sete fatores, sete ondas magnetizadoras fatorais, sete essências, sete sentidos da vida, sete estruturas de pensamentos, sete vias evolutivas e sete linhas de Umbanda sagrada.

São, também, sete estruturas geométricas que dão formação às gemas, divididas em sistemas de crescimento:

- Sistema isométrico
- Sistema tetragonal
- Sistema hexagonal
- Sistema trigonal
- Sistema ortorrômbico
- Sistema monoclínico
- Sistema triclínico

Essas sete estruturas de crescimento das gemas obedecem aos magnetismos das sete irradiações divinas.

Mas se procurarmos as sete ondas vibratórias, iremos encontrá-las nas frutas, tais como:

- Maçã
- Pera
- Carambola
- Melancia
- Laranja
- Manga
- Banana
- Pitanga etc

Também as encontraremos nos tipos de raízes, caules e galhos das árvores, nos tipos de folhas, de ervas etc.

É certo que muitas coisas são mistas ou compostas, precisando do concurso de duas, três ou até sete ondas vibratórias para ter sua forma definitiva. Mas o fato é que são as ondas vibratórias que definem as formas das coisas criadas por Deus e são regidas por suas divindades unigênitas, que são os Tronos. Assim, temos:

- Tronos da Fé ou Cristalinos
- Tronos do Amor ou Conceptivos
- Tronos do Conhecimento ou Expansores
- Tronos da Justiça ou Equilibradores
- Tronos da Lei ou Ordenadores
- Tronos da Evolução ou Transmutadores
- Tronos da Geração ou Criacionistas

Congregação, agregação, expansão, equilíbrio, ordenação, transmutação e criatividade — eis a base da Gênese Divina e eis, aí, os recursos que temos à nossa disposição para vivermos em paz e harmonia com o todo, que é Deus concretizado no seu corpo Divino: o universo visível, palpável e sensível.

Só não crê nisso quem não consegue vê-Lo em si mesmo: uma obra Divina impossível de ser concebida por uma mente humana!

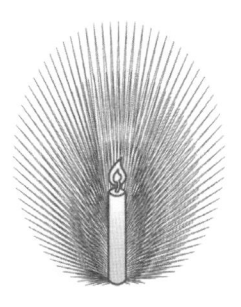

# As Estrelas Mentais da Vida

Uma das razões do ciclo reencarnacionista ou de espiritualização dos seres é o desenvolvimento desse magnetismo mental sétuplo, análogo ao magnetismo do Divino Trono Planetário, que é o Trono de Deus que deu origem ao nosso planeta.

Ele é um Trono planetário sétuplo, pois capta, diretamente do Divino Criador, as sete irradiações divinas que que dão origem ao santuário sagrado.

O Divino Trono, antes de assumir seu grau de Trono Planetário, era um Trono Fatoral Cristalino fatorador da geração Divina de seres, criaturas e espécies.

Ele foi gerado em Deus como manifestador individual (um Trono) de Sua qualidade "cristalina", a qual gerou em si e de si até que alcançou o grau de Trono Fatoral Planetário.

Na geração, em si, ele acumulava a sua qualidade cristalina e nela gerava sua onda fatoral, com a qual foi imantando os seres que assumiram a condição de "seres cristalinos regidos pelo Trono da Fé", por causa da qualidade cristalina que os imantou quando foram gerados por Deus na sua qualidade "congregadora".

Bom, o que nos levou a revelar esse mistério do Divino Trono Planetário é o fato de que ele já foi um Trono fatoral, e também porque, se um ser natural cristalino encarnar para espiritualizar-se, de imediato terá seu único campo magnético circular multiplicado por sete, assumindo a forma que se segue:

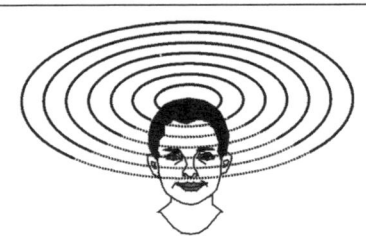

Os sete círculos ficam girando ao redor da "coroa" do filho do Trono da Fé, mas a roda magnética que os círculos formam é horizontal, como se fosse um disco com sete cores colocado sobre a cabeça.

Já o magnetismo mental dos filhos dos outros Tronos forma "desenhos" ou símbolos diferentes, como veremos as seguir:

Os seres naturais regidos pelo Trono Masculino da Lei têm dentro dos seus mentais uma estrela de cinco pontas raiada.

Os seres naturais regidos pelo Trono Masculino da Justiça têm dentro dos seus mentais uma estrela de seis pontas sobre um duplo eixo magnético (horizontal-vertical).

Os seres naturais regidos pelo Trono Masculino do Conhecimento têm dentro dos seus mentais um triângulo equilátero todo raiado, com três raios maiores em cada vértice.

Os seres naturais regidos pelo Trono Masculino da Evolução têm dentro dos seus mentais um triângulo dentro de um hexágono, de cujo centro saem oito raios retos.

Os seres naturais regidos pelo Trono Masculino do Amor têm dentro dos seus mentais sete raios retos, que saem do centro de um círculo, e eles são envoltos por duas ondas entrelaçadas, formando esse desenho ou símbolo.

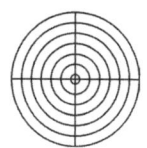

Os seres naturais regidos pelo Trono Masculino da Geração têm dentro dos seus mentais um desenho ou símbolo que é assim: sete círculos concêntricos cortados por dois raios retos, perpendiculares entre si.

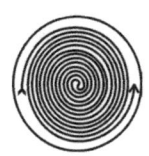

Os seres naturais regidos pelo Trono Feminino da Fé têm em seus mentais um símbolo ou desenho que é assim: um círculo, de cujo centro sai uma espiral, enquanto outra sai do círculo e dirige-se ao seu centro. E ambas ficam girando em sentidos contrários.

Os seres naturais regidos pelo Trono Feminino da Lei têm em seus mentais um símbolo ou desenho que é assim: um círculo de cujo centro saem vinte e um raios curvos, que ficam girando em sentido anti-horário.

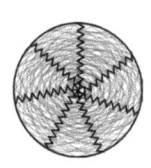

Os seres naturais regidos pelo Trono Feminino da Justiça têm em seus mentais um símbolo ou desenho que é um círculo com sete raios, cujo espaço entre um e outro é ocupado por essências e em cada espaço elas assumem uma cor, qual um arco-íris.

Os seres naturais regidos pelo Trono Feminino do Amor têm em seus mentais um símbolo ou desenho que dá a impressão de ser um círculo com quatro corações que girando.

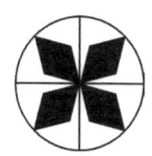

Os seres naturais regidos pelo Trono Feminino da Evolução têm em seus mentais um símbolo ou desenho que é assim: um círculo dividido por dois raios e entre eles há quatro losangos, que ficam girando em sentido horário, enquanto o círculo e os raios permanecem parados.

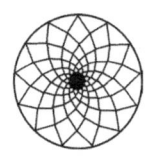

Os seres naturais regidos pelo Trono Feminino do Conhecimento têm em seus mentais um símbolo ou desenho que é assim: um círculo cujo interior é todo triangulado, que gira para a esquerda.

Os seres naturais regidos pelo Trono Feminino da Geração têm em seus mentais um símbolo ou desenho estrelado, pois é um círculo com sete estrelas pentagonais, que saem de um pequeno círculo em seu centro. Elas giram para a direita e cada estrela é de uma cor.

Esses campos eletromagnéticos, pairando ao redor do chacra coronal dos seres naturais, os distinguem e mostram qual foi o Trono fatoral que os imantou e magnetizou em sua onda fatoradora.

Eles não são visíveis senão a quem possui a visão cristalina ou espiritual, pois são magnéticos. Mas caso os clarividentes queiram ver os símbolos ou desenhos que formam, basta colocarem uma vela branca no centro do chacra coronal que, aos poucos, as ondas ígneas fluirão pelas ondas eletromagnéticas, deixando-as visíveis a quem for clarividente.

Saibam que, sempre que acenderem uma vela branca a alguma pessoa, visando ajudá-la, as suas ondas ígneas fluirão pelo éter e alcançarão o seu disco magnético ou campo eletromagnético mental, cujas ondas magnéticas as absorverão e as internalizarão, distribuindo-as pelos corpos sutis, corpo energético e eixo magnético equilibrador.

Sim, as velas atuam no sutil campo das energias "espirituais", e sua ciência, aberta aqui por nós, prova que por trás de toda crença popular está um mistério Divino ativado unicamente pela fé de quem crê no seu poder, mesmo não sabendo como funciona.

> Na folhinha de um pé de arruda está um princípio curador que, se for isolado, é um antibiótico mais potente que a penicilina. Só que nela, em seu estado natural, ele está neutralizado.
> Quando aquecidas, as folhas da arruda liberam mínimas quantidades desse antibiótico, capaz de destruir colônias de bactérias da família "cocos", tais como: gonococos, estafilococos etc.

Bom, essa revelação foi feita por psicografia. Que os cientistas isolem esse antibiótico natural e vegetal, sabendo que o poder do Divino Criador é imensurável e não se manifesta só como uma força indescritível, mas também em processos mágicos muito bem ordenados, pois a mesma folhinha de arruda, mas em número de sete, e mais uma simples vela branca acesasão capazes de desagregar as mais poderosas magias negras feitas contra uma pessoa, que vive consultando médicos e não alcança a cura, pois atinge o espírito das pessoas magiadas.

## *Para Desagregar Magias Negras e Curar*

Saibam que, se traçarem um círculo, simbolizando o campo mental de uma pessoa, e colocarem no centro dele uma vela branca, distribuírem, equidistantes, sete folhas ou galhos de arruda e clamarem ao Divino Criador que ative os mistérios dos seus Tronos da Justiça, da Lei e seu Trono "Medicinal" para que curem a pessoa atormentada por males inidentificáveis, imediatamente uma poderosa magia Divina de natureza ígneo-vegetal será ativada.

Então, todos os focos que estão enviando energias enfermiças à pessoa atormentada serão alcançados e, enquanto o fogo for consumindo todo o negativismo existente nos focos, a essência vegetal irá curando os espíritos que estiverem transmitindo os sintomas de doenças inidentificáveis, paralisando as fontes irradiadoras de ondas cósmicas transportadoras de energias negativas que alcançaram o disco eletromagnético da pessoa em questão e têm negativado seu magnetismo mental, tornando-a "enferma", vítima de doenças inidentificáveis.

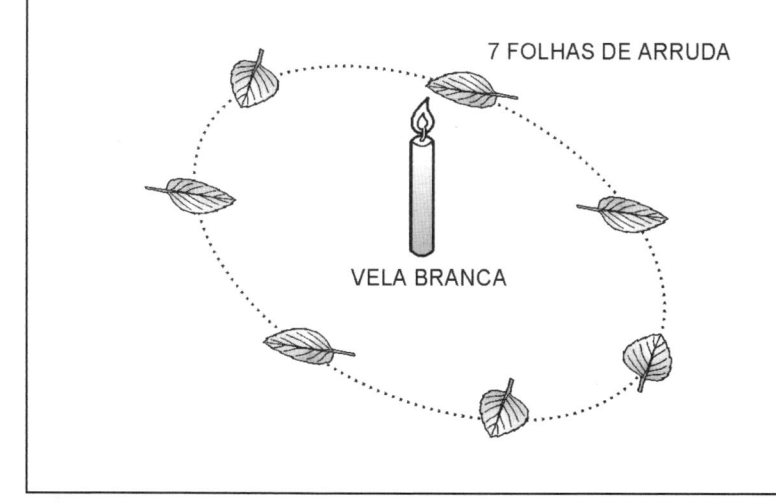

7 FOLHAS DE ARRUDA

VELA BRANCA

Até os "magos" das trevas serão alcançados pelas ondas ígneas e pela essência vegetal "curadora" das sete folhinhas de arruda, que penetrarão em seus corpos energéticos, negativados em todos os sentidos, e atuarão com tanta intensidade que, mais dia menos dia, esses espíritos intolerantes terão se transformado em infelizes espíritos sofredores, que buscarão a cura definitiva para seus mentais deformados pela negativação de suas vidas viciadas.

Enfim, aqui está uma poderosa magia branca capaz de assustar os mais poderosos "magos negros" das trevas humanas, que vivem de jogar uns encarnados contra os outros, pois assim vão expandindo seus vícios e negativismos e dominando-os.

Essa magia branca ígneo-vegetal só é ativada "religiosamente" e só com o amparo do Divino Criador e dos seus Tronos da Justiça, da Lei e da Medicina.

Só devem ativá-la "religiosamente" ou não será ativada. E só será ativada pela Justiça Divina e pela Lei Maior, que direcionarão as ondas ígneas só até quem deverá ser "curado" pela poderosíssima essência vegetal e medicinal das delicadas folhinhas de arruda.

Observem a distribuição mágica das sete folhinhas no círculo mágico, riscado com uma pemba branca.

Bem, viram como é uma "magia branca" ou Divina?

Ela não precisa dos dispendiosos "ebós" nem custa absolutamente nada ao sacerdote que a ativar ou à pessoa que for sua beneficiária.

As magias brancas e divinas, que aqui estão sendo "abertas", visam acabar com o mercantilismo que grassa nos cultos, em que sacerdotes desvirtuados fazem da desgraça alheia suas festas e famas, pois se julgam semideuses, donos dos mistérios Divinos.

Após a ativação religiosa dessa "magia branca curadora", quem ativou a magia negra também será curado pela Justiça Divina e, mais dia menos dia, também se transformará num espírito sofredor, clamando pela própria cura "espiritual".

E mais: quando a Lei Maior e a Justiça Divina abrem para o plano material uma de suas "magias brancas", ela é tão fulminante, tão eficaz, tão devastadora e tão curadora que até os espíritos sombrios protetores dos magos negros encarnados serão alcançados pelo poder "curador" dessas magias brancas.

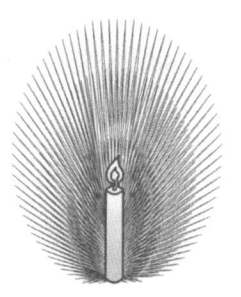

# Círculos Mágicos dos Tronos de Deus

Muitos são os símbolos mágicos dos Tronos de Deus e seria impossível reuni-los aqui, num simples compêndio sobre velas, pois se numa única estrela adicionarmos uma pedra ou um copo de água ou alguma erva, tudo muda e novos campos magísticos se abrem, ativando novos mistérios, bem como novas fontes energéticas.

• Há signos fatorais, essenciais, elementais, energéticos, magnéticos e vibratórios. Conforme a distribuição deles dentro de um círculo mágico ou de uma tela teúrgica, um mesmo signo pode ativar mistérios diferentes.

• Círculos mágicos, todos sabem, são as circunferências dentro das quais são riscados os signos ou símbolos usados nas magias riscadas.

• Telas teúrgicas são a "quadratura do círculo", por meio da qual toda uma linha de forças é ativada desde o alto até embaixo, e desde a direita até a esquerda.

• Magia Divina é o fechamento dos "quatro cantos" religiosos do templo interno ou íntimo de um ser. Mas isso só é possível se conhecerem os quatro orixás que regem vossa vida.

Desses quatro orixás:

- Um é um Trono Fatoral (de fator)
- Um é um Trono Essencial (de essência)
- Um é um Trono Elemental (de elemento)
- Um é um Trono Energético (de energia)

A distribuição desses tronos em nosso íntimo é esta:

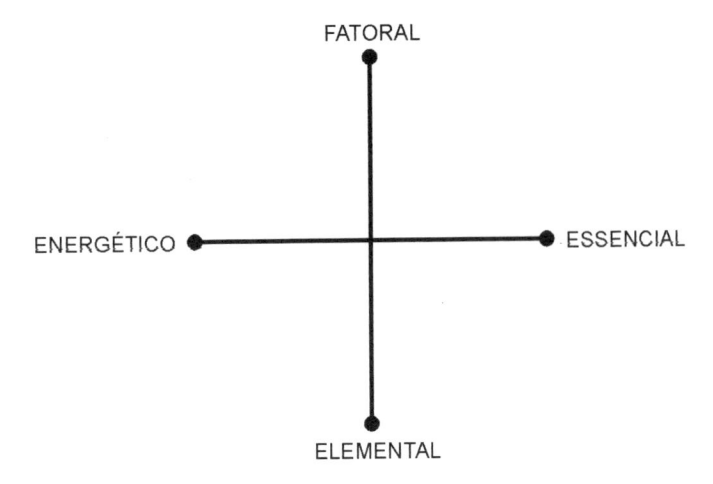

```
              FATORAL
                 •
                 |
                 |
ENERGÉTICO •—————+—————• ESSENCIAL
                 |
                 |
                 •
              ELEMENTAL
```

Pronto! Essa é a distribuição dos "quatro santos" dos "quatro cantos" do seu templo interior.

Mas como é difícil identificá-los por causa da não abertura desse mistério religioso, então recomendamos a Magia Ígnea Celeste, pois ela é ativada mentalmente se a pessoa assentar-se no centro do seu templo externo ou temporal.

Para tanto, basta acender sete velas em círculo, clamar ao Trono que a rege e pedir-lhe que a descarregue das energias negativas e que crie à sua volta um campo eletromagnético ígneo anulador de magias negras e diluidor de vibrações nocivas ao seu mental, emocional e corpo energético.

### Círculo Ígneo do Trono Masculino da Fé (IÁ-ÓR-NA-HI-IIM-YÊ)

Sete velas brancas.

### Círculo Ígneo do Trono Feminino da Fé (IÁ-ÓR-NA-HE-IIM-YÊ)

Sete velas brancas intercaladas com duas velas azuis, duas verdes, uma vela vermelha e duas amarelas.

## Círculo Ígneo do Trono Feminino do Amor
## (IÁ-FÉR-MA-IIM-YÊ)

Sete velas azuis, sete velas rosa e sete velas amarelas, sempre acesas em círculo e nesta sequência: uma azul, uma rosa e uma amarela.

## Círculo Ígneo do Trono Masculino do Amor
## (IÁ-ÓR-ME-RI-IIM-DE-RE-YÊ)

Sete velas brancas intercaladas por sete outras com estas cores: azul-claro, rosa, vermelho, amarelo, verde, azul-escuro e roxo, lilás ou violeta.

## Círculo Ígneo do Trono Masculino
## do Conhecimento
## (IÁ-FÉR-SE-HI-IIM-YÊ)

Sete velas brancas, sete velas verdes e sete velas azul-escuras, acesas em círculo e nesta ordem: uma branca, uma verde e uma azul.

## Círculo Ígneo do Trono Feminino
## do Conhecimento
## (IÁ-ÓR-MA-HI-IIM-YÊ)

Sete velas brancas, sete velas verdes e sete velas magenta ou vermelho vivo, acesas nesta ordem: três brancas, quatro verdes, três vermelhas, quatro brancas, três verdes e quatro vermelhas.

## Círculo Ígneo do Trono Masculino
## da Justiça
## (IÁ-ÓR-RA-IIM-YÊ)

Sete velas brancas, sete vermelhas e sete laranja, acesas em círculo nesta ordem: uma branca, uma vermelha e uma laranja.

### Círculo Ígneo do Trono Feminino da Lei
### (IÁ-FÉR-ÇA-IIM-YÊ)

Sete velas brancas, sete velas azul-claras e sete velas amarelas, acesas nesta ordem: três brancas, três azuis, três amarelas e uma branca, uma azul e uma amarela, três brancas, três azuis e três amarelas.

### Círculo Ígneo do Trono Masculino da Lei
### (IÁ-FÉR-AG-IIM-YÊ)

Sete velas brancas, sete velas azul-escuras e sete velas amarelas, acesas nesta ordem: uma branca, uma azul e uma amarela.

### Círculo Ígneo do Trono Feminino da Justiça
### (IÁ-FÉR-KA-LI-IIM-YÊ)

Sete velas laranja e sete velas vermelhas, acesas nesta ordem: uma laranja e uma vermelha.

### Círculo Ígneo do Trono Masculino da Evolução
### (IÁ-ÓR-RI-IIM-YÊ)

Sete velas brancas, sete velas violeta e sete velas vermelhas, acesas nesta ordem: uma branca, uma violeta e uma vermelha.

### Círculo Ígneo do Trono Feminino da Evolução
### (IÁ-FÉR-MA-RÉ-IIM-YÊ)

Sete velas brancas, sete velas lilás e sete velas azul-claras, acesas nesta ordem: uma vela branca, uma lilás e uma azul.

### Círculo Ígneo do Trono Feminino da Geração
### (IÁ-HÓR-MA-NI-IIM-YÊ)

Sete velas brancas e sete velas azuis, acesas nesta ordem: uma vela branca e uma azul.

## Círculo Ígneo do Trono Masculino da Geração
### (IÁ-FÉR-SI-HE-IIM-YÊ)

Sete velas brancas e sete velas roxas, acesas nesta ordem: uma branca e uma roxa.

Bem, aí estão os catorze círculos dos Catorze Tronos Regentes das Sete Irradiações Divinas. Ao firmá-los, estarão formando em seu exterior ou à sua volta uma cobertura ígnea, que é um campo vibratório cujas ondas ígneas interpenetrarão seus sete "corpos" ou campos eletromagnéticos, formados de seu campo espiritual ou energético.

Ative corretamente esses círculos mágicos para que as ondas ígneas penetrem em seus corpos energéticos, dos quais retirarão miasmas, ovoides, manchas energéticas condensadas nos órgãos físicos do seu corpo carnal, além de purificar o seu "disco mental".

Caso sintam ou pressintam que estão sofrendo atuações exteriores, mentalizem um dos tronos regentes, clamem a ele para que expanda as ondas ígneas até os focos negativos e purifique-os na chama viva da Justiça Divina ou anule-os no fogo consumidor da Lei Maior.

Deve-se permanecer sentado na posição de lótus por dez minutos, para só então sair de dentro do círculo ígneo do seu trono regente, pois é o tempo necessário para que toda a "limpeza" se complete.

Observação: caso as energias negativas que os incomodam sejam procedentes de locais públicos, tais como de motéis, prostíbulos, bares, festas profanas etc., então não é preciso ativar esses círculos ígneos, e sim tomar banhos de descarga e deixar de frequentá-los, pois na verdade só terão atraído os seus "afins".

Eis aqui a evocação a ser feita quando firmarem o círculo ígneo--mágico de um dos tronos:

*Eu evoco Deus,*
*evoco seus Divinos Tronos,*
*evoco sua Lei Maior e sua Justiça Divina*
*e evoco o trono regente desse círculo ígneo,*
*e peço que toda atuação espiritual*
*ou magística contra mim seja anulada*

*aqui dentro deste círculo ígneo
e que eu seja purificado de todas as energias
negativas que estão me incomodando.
Também peço que o meu lar seja purificado
e descarregado, para que assim, limpo,
eu possa viver em paz.*

*Amém.*

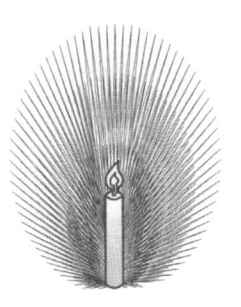

# As Várias Formas de Firmar Velas

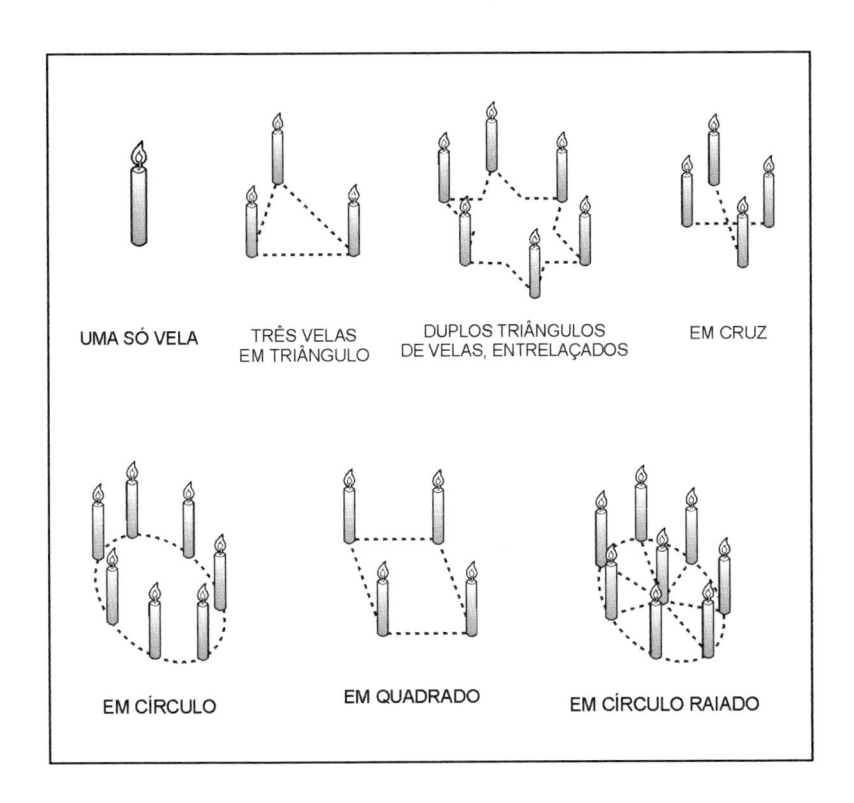

**UMA SÓ VELA**

**TRÊS VELAS EM TRIÂNGULO**

**DUPLOS TRIÂNGULOS DE VELAS, ENTRELAÇADOS**

**EM CRUZ**

**EM CÍRCULO**

**EM QUADRADO**

**EM CÍRCULO RAIADO**

As velas usadas podem variar de cor para melhor interpenetrarem as dimensões básicas paralelas à humana.

Vamos a elas e aos Tronos que atuam magisticamente por meio delas.

| Cor da vela | Trono |
|---|---|
| Vela branca | Trono da Fé |
| Vela branca ou azul-escura | Trono da Fé |
| Vela rosa ou azul | Trono do Amor |
| Vela branca ou azul-celeste | Trono do Amor |
| Vela verde ou branca | Trono do Conhecimento |
| Vela magenta ou vermelha | Trono do Conhecimento |
| Vela branca, marrom, vermelha | Trono da Justiça |
| Vela laranja | Trono da Justiça |
| Vela branca, vermelha, azul-escura | Trono da Lei |
| Vela amarela | Trono da Lei |
| Vela branca ou violeta | Trono da Evolução |
| Vela branca ou lilás | Trono da Evolução |
| Vela branca ou azul-clara | Trono da Geração |
| Vela branca ou roxa | Trono da Geração |
| Vela vermelha ou preta | Trono da Vitalidade |
| Vela vermelha | Trono dos Desejos |

O uso específico depende de qual campo vibratório será interpenetrado, do que se deseja etc.

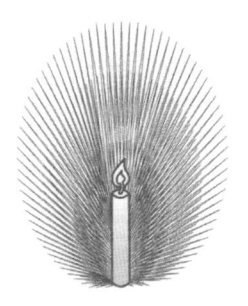

# Ativações com Velas de Várias Cores

O uso misto, ou de velas de várias cores, atende a ativações de vários campos vibratórios ou de vários Tronos ao mesmo tempo. Tudo dependerá da finalidade de quem recorrer a elas.

**Para amor**
Devem ser usadas velas azul, rosa e branca, acesas em triângulo.

**Para pedido de justiça**
Devem ser usadas velas branca, azul, vermelha e laranja, acesas em cruz.

**Para quebrar uma demanda**
Devem ser usadas velas branca, vermelha e preta, acesas em triângulo.

**Para consumir miasmas**
Devem ser usadas velas branca, azul, rosa, roxa ou lilás, acesas em círculo.

**Para diluir egrégoras**
Devem ser usadas velas branca, preta, vermelha e roxa, acesas em círculo.

### Para purificar um ambiente
Devem ser usadas velas branca, rosa e violeta, acesas em triângulo.

### Para energizar uma pessoa
Devem ser usadas velas branca, azul, rosa e roxa, acesas em cruz.

### Para descarregar a aura
Devem ser usadas velas branca, vermelha, laranja e lilás, acesas em cruz.

### Para cortar cordões energéticos negativos
Devem ser usadas velas branca, vermelha, amarela, azul e laranja, acesas em círculo.

### Para cortar inveja, pragas, maldições, olho gordo e ciúmes
Devem ser usadas velas das sete cores principais (branca, rosa, azul, verde, vermelha, amarela e roxa), acesas em círculo.

### Para cruzar um local
Deve ser usada vela branca.

### Para fortalecer um namoro
Devem ser usadas velas branca, azul e rosa, acesas e amarradas com fitas das mesmas cores.

### Para afastar um inimigo do nosso caminho
Deve ser usada uma vela branca acesa em campo aberto.

### Para virar uma demanda
Devem ser usadas velas branca, azul-escura, vermelha e preta, acesas de ponta-cabeça, em cruz.

### Para cortar uma demanda
Devem ser usadas apenas velas brancas, vermelhas e pretas, acesas em triângulo.

## Para "cruzar" uma pessoa

Deve ser usada vela branca.

O que vimos foram as cores das velas para uso misto, pois vários Tronos ou Mistérios são ativados com fins específicos e, mesmo que façam a firmeza em nome de um, com certeza vários atuarão, pois as velas emitem diversas irradiações, cada uma de um Trono ou mistério, só mudando o nível de atuação por causa da mudança de grau vibratório, que ocorre devido à cor de cada vela.

Saibam que a vela branca é de uso geral, porque todas as suas irradiações ígneas têm a mesma potência. Logo, não importa para qual divindade ela seja firmada, pois a irradiação dela, e que corresponde à dela, sairá com sua potência plena.

Com uma vela colorida, a irradiação ígnea mais potente é a do Trono que a sua cor simbolizar.

Já para magias ou trabalhos específicos, as cores obedecem à distribuição de cada uma dentro de um campo eletromagnético, cuja irradiação interpenetrará outros campos vibratórios, magísticos ou eletromagnéticos. Se a distribuição das cores não obedecer corretamente às linhas de forças planetárias, todo o trabalho será nulo ou de efeito parcial.

É por isso que os guias espirituais são pacientes quando recomendam a um consulente que acenda uma ou mais velas e são claros em dizer como deverá distribuí-las quando for acendê-las. E o mesmo cuidado eles têm quando mandam seus médiuns realizarem trabalhos e oferendas.

A distribuição das velas nos altares tem sido aleatória e raramente obedece às correntes eletromagnéticas; mas, num altar em degraus, a distribuição correta é esta que daremos a seguir.

Ao distribuir desta forma as velas nos degraus do altar, elas criarão uma polarização ígnea que formará um centro luminoso no espaço interno dos degraus e, de cada um deles, tanto subirão quanto descerão irradiações específicas. Suas irradiações ígneas formarão "desenhos" lindíssimos e poderosíssimos, capazes de anular qualquer ativação magística externa, pois as irradiações do altar bloquearão a entrada de energias exteriores e até poderão projetar, contra o círculo mágico negativo antagônico, uma irradiação ígnea que o envolverá numa cadeia ígnea, que o explodirá e diluirá no local em que foi firmado, caso tenha sido firmado contra o templo que fez essa distribuição das velas em seu altar.

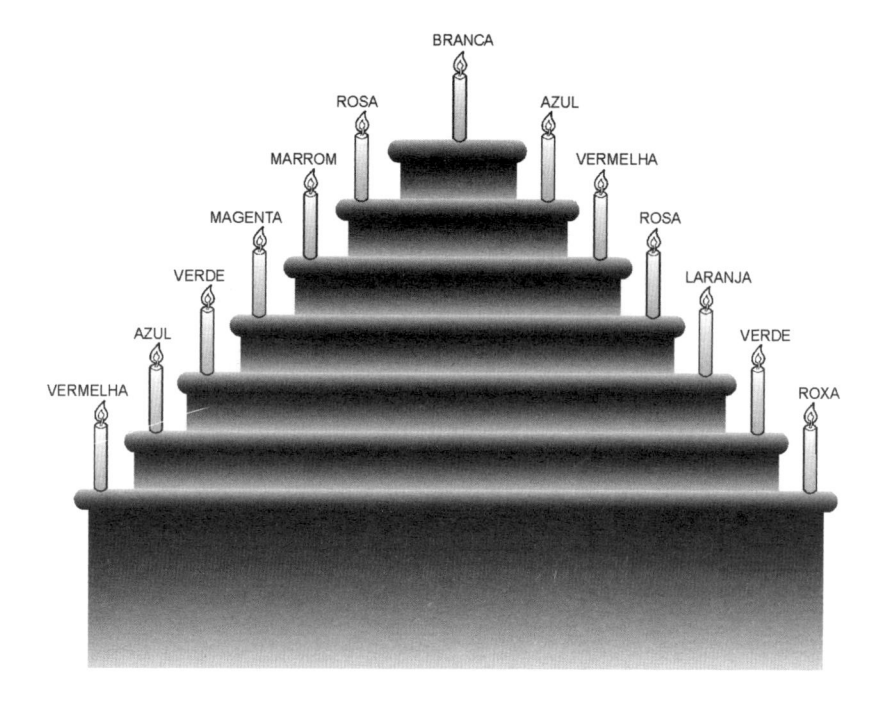

Essa distribuição é magia "teúrgica" e obedece rigorosamente às linhas de forças que passam pelo "degrau" no altar.

No entanto, mais dois mistérios ígneos serão formados:

1º — Um círculo ígneo nas cores de um arco-íris que circundará todo o altar;

2º — Uma rosa-dos-ventos ígnea que ficará girando atrás do degrau e que, de tempo em tempo, mudará de cor, obedecendo à sequência das cores do arco-íris, sempre da mais interna para a mais externa.

Denominamos isso de "Magia Divina protetora dos trabalhos espirituais realizados dentro dos templos ou centros espiritualistas".

A rosa-dos-ventos "ígnea" espalhará no espaço interno do templo uma essência ígnea da mesma cor que ela apresentar. E se ela estiver azul, fagulhas azuis ficarão cintilando, mas se estiver vermelha, as fagulhas serão vermelhas. São elas que saturarão o espaço onde os trabalhos serão realizados.

Essas fagulhas impedem que se acumulem energias negativas ou que elas se condensem no éter, pois irão diluindo-as. Também consomem os miasmas e as larvas astrais que chegam com os consulentes enfermos ou negativados por sentimentos mórbidos etc.

Da mesma forma que as velas distribuídas corretamente no altar em degrau criam símbolos ígneos vivos, as velas acesas no solo, em uma oferenda ou magia também criam. E são eles que dão sustentação vibratória ao que se está realizando.

Em toda magia são usados vários elementos mágicos, também altamente energéticos ou magnetizados e que possuem suas irradiações e vibrações, e algumas são parecidas com as das velas. Mas só elas projetam essências ígneas junto com suas irradiações e, por isso, são capazes de anular o poder de magias feitas com eles, pois suas essências ígneas os desagregam e alimentam-se de suas energias negativas.

Por isso as velas são tidas como elementos mágicos por excelência e são vistas com muito respeito pelos espíritos impuros, quando eles adentram num templo ou casa iluminada por elas. Eles sabem que as irradiações ígneas das velas firmadas "religiosamente" poderão queimá-los ou delas poderão sair cordões ígneos que os envolverão e os enviarão para níveis vibratórios negativos fechados, dos quais não conseguirão sair.

Enfim, muitos são os recursos de uma vela, caso ela seja acesa e ativada magística ou religiosamente, porque por trás dela sempre estarão espíritos que conhecem profundamente seus mistérios ígneos ou estarão as divindades regentes dos seus magnetismos, suas vibrações saturadas de essências e de suas energias incandescentes irradiadas pelas suas ondas ígneas.

Quando se acende ou se firma religiosamente uma vela, está se criando no plano misto, matéria-espírito, poderosos polos magnéticos, todos em perfeita sintonia com os mistérios do fogo e dos Tronos de Deus.

A chama de uma vela é um mistério religioso por excelência e simboliza a chama da fé, que se manifesta religiosamente e estabelece espaços religiosos bem definidos no plano misto matéria-espírito. Se alguém acender uma vela para o Trono da Lei, que é o Trono regente do polo positivo da linha da Lei, imediatamente estabelecerá um cordão energético e vibratório entre a vela e ele que, se está assentado no Alto do Altíssimo, está em todos os lugares, porque ele é um poder "imanente" sustentador da ordem.

Então, ao acender uma vela a ele e evocá-lo, pedindo proteção Divina durante um trabalho espiritual, estarão abrindo um polo magnético ordenador do campo ou espaço religioso em que o trabalho espiritual será realizado, pois o terão "trazido" do alto e ele atuará de frente para as pessoas que estiverem reunidas naquele espaço consagrado a ele, por meio da vela e de sua evocação para proteção espiritual.

Como o Trono da Lei é imanente, ele atua ao mesmo tempo em tudo e em todos, mas atua a partir do polo magnético positivo da linha de forças por onde fluem todas as irradiações ordenadoras dos processos mágicos e das manifestações religiosas dos espíritos.

Quando é evocado diante de uma vela acesa firmada em seu nome, ele abre um polo magnético irradiante, que dará sustentação horizontal, enquanto o trabalho espiritual não for encerrado. E assim que o encerrarem e as velas tiverem se queimado, o polo magnético se fechará para o lado material, mas permanecerá aberto e ativo por um período de sete dias no lado espiritual, quando então se fechará naturalmente.

Se permanecer aberto por sete dias, é porque há sete irradiações, e cada uma ocupará um dia subsequente ao que o polo foi aberto. E se durante o trabalho espiritual, o polo magnético captou alguma irradiação ou energia das outras irradiações, no dia de cada uma delas, elas as absorverão e enviarão o polo de anulação energética negativa que ele havia absorvido e retido no seu lado espiritual, livrando as pessoas que estavam sofrendo a atuação de energias negativas.

No dia regido por uma irradiação, todas as outras também estão presentes, mas através das horas, dos minutos e dos segundos. Isso pode ser visto nos magnetismos ígneos das velas e nos desenhos que suas irradiações formam quando são acesas.

Lembrem-se de que, no momento em que uma vela é acesa, ela é neutra, mas assim que é consagrada, estabelece-se um cordão de ligação entre a divindade evocada e ela. Quando solicitarem o seu auxílio para que os protejam durante o trabalho espiritual que irão realizar, no mesmo instante todo o espaço físico e astral consagrado aos trabalhos é irradiado pela divindade por meio da chama da vela, e uma imantação religiosa, afim com o tipo de trabalho que será realizado, se formará e dará sustentação até que o trabalho seja encerrado.

Nesse caso, a pessoa firmou velas a um Trono, que é um regente planetário, e abriu um polo que o traz para "dentro" do seu espaço religioso, pois ele foi "deslocado" do seu polo magnético planetário, comum a todos os seres, e passou a atuar de frente para quem estiver dentro do templo.

É por isso que uma casa localizada ao lado de um templo de Umbanda, espírita, de candomblé ou de uma igreja etc. não sofre nenhuma influência espiritual durante os trabalhos ou cultos realizados nesses espaços religiosos.

O espaço religioso (templo) foi criado por Deus como um local de congregação religiosa, de realização de cultos e de trabalhos espirituais, e nada sai dele, nem um só milímetro além do seu espaço físico: a não ser o som ou barulho provocado pela ação material.

Por desconhecerem esse mistério, muitos vizinhos de centros ou de igrejas temem que suas vidas sejam incomodadas pelo que acontece dentro dos espaços religiosos.

Toda oferenda a céu aberto (no tempo), toda magia e todo despacho têm, obrigatoriamente, de ser delimitados por velas ou por círculos mágicos (traçados com pemba, giz, carvão, pedra ou outros pósminerais).

Muitos acreditam que não têm grande valor os círculos, triângulos, quadrados ou mesmo uma só vela acesa durante as oferendas ou magias. Mas a razão de serem firmados é Ciência Divina Pura, porque abrem num local "coletivo" um polo magnético limitado, tanto no plano material quanto no espiritual, com o poder de alcançar outras dimensões paralelas à nossa ou de alcançar os níveis vibratórios superiores e inferiores da nossa dimensão humana.

Portanto, não julguem as oferendas rituais como procedimentos arcaicos ou pagãos, porque não só são científicos, como realmente funcionam, pois toda chama de vela consagrada a uma divindade ou a uma entidade de Lei abre, mesmo, um polo magnético religioso e magístico.

Os guias espirituais usam velas durante os passes, porque manipulam mental ou energeticamente as irradiações ígneas delas e queimam larvas astrais ou cascões aderidos na aura das pessoas e até as projetam para dentro do corpo das pessoas, atuando curativamente tanto no físico quanto no energético, melhorando consideravelmente o estado geral delas.

Velas são um mistério e devem ser acesas e consagradas a uma divindade, a um guia de Lei, ao Anjo da Guarda etc., pois vibram no éter e suas ondas ígneas chegam até a quem elas foram direcionadas.

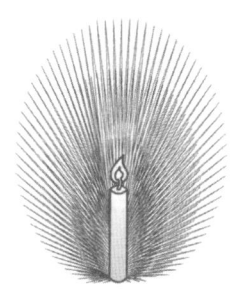

# Magias Religiosas

Aqui, vamos ensinar algumas magias religiosas que poderão ser ativadas dentro dos seus lares sempre que desejarem, pois dispensam rituais e são muito úteis, já que os Tronos de Deus estão o tempo todo velando por nós e só precisam que os ativemos com a nossa fé, para poderem atuar energeticamente por meio das chamas das velas e dos demais elementos que recomendamos a seguir.

## Magia para auxiliar nos casos de doenças

1º — Acenda no chão sete velas coloridas, em círculo e nesta ordem: branca, azul-clara, verde, rosa, roxa, violeta e lilás.

2º — Coloque o nome ou uma fotografia da pessoa enferma dentro do círculo de velas, já acesas.

3º — Ajoelhe-se, concentre-se em Deus e em seus Divinos Tronos e faça esta oração evocativa:

*Eu evoco Deus,*
*evoco seus Divinos Tronos,*
*evoco a sua Lei Maior e a sua Justiça Divina,*
*assim como evoco seus Tronos medicinais*
*e peço que auxiliem*
*na cama da doença de (nome da pessoa doente),*
*sempre em acordo com o seu merecimento.*
*Peço também que,*
*caso seja necessário o auxílio*
*de algum profissional (médico etc.),*
*então que este seja inspirado*
para o maior benefício deste (a) meu(minha) irmão(ã).

Amém.

## Magia para anular o negativismo ou a antipatia de alguém que não tem afinidade conosco

1º — Risque no solo, com giz ou pemba branca, uma estrela de seis pontas (estrela-de-davi).
2º — Coloque sobre ela um prato de louça ou vidro.
3º — Coloque dentro dele num papel o nome do desafeto.
4º — Cubra o papel com o nome com azeite virgem de oliva.
5º — Acenda uma vela vermelha de sete dias e coloque-na sobre o nome no papel.
6º — Faça esta evocação:

*Eu evoco Deus,*
*evoco seus Divinos Tronos,*
*evoco sua Lei Maior e sua Justiça Divina,*
*assim como evoco seu Trono da Justiça*
*aqui firmado nesta vela*
*e peço que sejam anulados todos os sentimentos negativos*
*vibrados contra mim por esta pessoa,*
*e os meus, vibrados contra ela,*
*pois só assim deixaremos de nos odiar.*
*Mas caso não seja possível,*
*no momento, a nossa harmonização,*
*então que ela seja afastada de minha vida*
*até que isto seja possível.*
*Amém.*

Obs.: Repetir até três vezes essa Magia das Sete Chamas Sagradas, caso necessário. Essa magia também ajuda em casos de demandas judiciais ou contendas entre vizinhos, casais de namorados, pessoas que trabalham num mesmo *local* etc.

## Magia para afastar um inimigo encarnado ou um obsessor espiritual

1º — Risque no solo com um giz ou pemba branca uma estrela de cinco pontas (símbolo de Salomão).
2º — Nas pontas da estrela risque cinco cruzes.

3º — Acenda e firme uma vela branca comum em cima de cada uma das cinco cruzes.

4º — Acenda no centro da estrela uma vela vermelha, lilás ou violeta de sete dias.

5º — Faça esta evocação:

*Eu evoco Deus,*
*evoco seus Divinos Tronos,*
*evoco sua Lei Maior e sua Justiça Divina,*
*assim como evoco seus Tronos*
*firmados neste símbolo sagrado*
*e peço que as forças do meu inimigo (ou obsessor espiritual)*
*sejam quebradas*
*e ele seja afastado para sempre de minha vida,*
*esquecendo-se e deixando-me em paz a partir de agora.*
*Amém.*

Obs.: Repetir até três vezes essa Magia das Sete Chamas Sagradas.

## Magia para anular ou descarregar de uma casa todas as energias negativas acumuladas dentro dela

1º — Acenda sete velas comuns coloridas em círculo, nesta ordem: branca, azul-escura, vermelha, amarela, laranja, violeta e marrom. Devem ser acesas em sentido horário.

2º — Façam esta oração:

*Eu evoco Deus,*
*evoco seus Divinos Tronos,*
*evoco sua Lei Maior,*
*e sua Justiça Divina,*
*assim como evoco os Tronos aqui firmados*
*e peço que, pelos poderes evocados,*
*todas as energias negativas*
*existentes dentro desta casa sejam anuladas,*
*descarregadas e queimadas*
*dentro deste círculo mágico das Sete Chamas Sagradas.*
*Também peço que*

*caso tenha dentro dela ou com as pessoas que aqui vivem
espíritos obsessores, desequilibrados ou sofredores,
então que eles sejam puxados para dentro deste círculo
e sejam encaminhados aos seus lugares de merecimento,
deixando de sofrer ou de nos perturbar.
Amém.*

## Magia para limpeza energética de casas ou ambientes de trabalho

*1º —* Pegue um prato de louça ou de vidro e derrame dentro dele cerca de um centímetro de azeite virgem de oliva.

*2º —* Acenda uma vela branca de sete dias e, após consagrá-la ao Trono da Fé, coloque-na dentro do prato com azeite.

3º — Faça esta evocação:

*Eu evoco Deus,
evoco seus Divinos Tronos,
evoco sua Lei Maior e sua Justiça Divina
e evoco o Trono da Fé aqui firmado
e peço que todas as energias negativas
acumuladas dentro desta casa ou deste ambiente
sejam absorvidas pela chama desta vela consagrada
e sejam anuladas neste azeite.
Amém.*

Obs.: Repetir essa magia sempre que desejar.

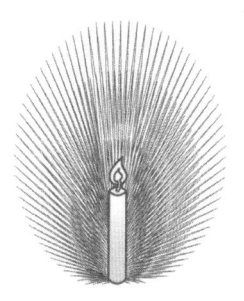

# Magia Divina para Desmanchar Magia Negra

O caso é o seguinte: velas acesas, religiosa ou magisticamente, são um mistério e, como tal, devem ser bem direcionadas, pois caso as usem mal, mais dia menos dia a reação acontecerá e punirá quem as acendeu.

Agora, vamos ensinar a quem "vê" certos trabalhos de magia negra, pois são videntes, mas não sabem como desmanchá-los:

1º — Clame ao Divino Criador pelo seu amparo e orientação na ação que realizará.

2º — Acenda sete velas brancas em um círculo grande o suficiente para se sentar dentro dele.

3º — Evoque o Trono da Justiça Divina e o Trono da Lei Maior, solicitando-lhes que direcionem as chamas das quatro velas que usará para anular ou desfazer a magia negra (amarração, bonecos com alfinetes, trabalhos firmados com velas, caixões simbólicos, velas com formas de cabeça, órgão genital masculino, corações de aves ou animais, ossos, formigueiros, fotografias, nome escrito em velas, papéis, metais etc.).

4º — As velas que usará, seguras na mão direita e acesas, são estas: uma branca, uma azul, uma vermelha e uma amarela, as quais elevará acima da cabeça e clamará ao Senhor da Lei Maior e da Justiça Divina (Deus) que irradie a luz do Fogo Divino da Purificação, que deverá chegar até onde está localizada a magia negra, envolvê-la e anulá-la, desagregando o campo eletromagnético que a sustenta e mantém ativa, assim como o Fogo Divino da Purificação consuma todos os elementos mágicos usados nela, que feche as fontes irradiadoras de energias ativadas pela magia e que purifique o negativismo de todos os seres, criaturas e espíritos que direta ou indiretamente estejam participando ou estejam ligados àquela magia negativa.

Depois que tiver feito esses pedidos ao Senhor da Lei Maior e da Justiça Divina (Deus), peça também que as pessoas que ativaram a magia negra também sejam purificadas de seus sentimentos negativos, pois logo a Lei de causas e efeitos e a de Ação e Reação começarão a atuar sobre elas.

Essa magia que ensinamos é magia Divina e, assim que tiver feito e dito tudo o que ensinamos, deve se levantar, sair do círculo de velas brancas acesas, mandar que a pessoa que estava sendo atuada pela magia negativa entre no círculo e fique de pé dentro dele, para que vocês, ainda com as quatro velas na mão direita, as coloquem no centro da cabeça (chacra coronário) e peçam ao Fogo Divino da Purificação que a purifique de todas as energias ruins acumuladas em seu campo eletromagnético mental e que seu corpo energético e campo vibratório sejam descarregados e purificados.

Depois, mande a pessoa sair de dentro do círculo de velas brancas acesas e coloque no seu centro as quatro velas que estiver segurando na mão direita, pedindo a seguir ao Senhor da Lei Maior e da Justiça Divina (Deus) e aos seus Tronos da Lei Maior e os seus Tronos da Justiça Divina que purifiquem nas chamas do Fogo Divino quaisquer resquícios energéticos negativos que possam ter restado no local em que ativaram essa magia Divina ou teúrgica.

Não tema nada dessas magias negativas, pois esse Fogo da Purificação as envolverá por todos os lados, tanto no plano espiritual quanto no material, consumindo tudo o que de negativo existir nelas. E se os espíritos ali "firmados" tiverem algo a ver com a magia, deles só restarão seus ovoides, lançados em suas dores finais e purificadoras de seus negativismos conscienciais, emocionais e religiosos.

Caso a magia tenha sido ativada por um encarnado possuído por entes infernais, tanto estes quanto seus domínios tenebrosos serão consumidos totalmente, nada restando.

O Divino Trono da Justiça liberou essa magia Divina e o Divino Trono da Lei ordenou a forma como ela deve ser realizada, pois já é hora de serem punidos os "supostos" poderosos magos negros que vivem de fazer trabalhos encomendados contra os desafetos dos seus clientes, assim como os entes infernais que lhes dão cobertura magística.

— A Justiça Divina diz isto: quem deve paga, quem merece recebe.

— A Lei Maior diz isto: cada um pode semear o que quiser, mas com certeza colherá os frutos de suas semeaduras, sejam doces ou amargos.

Outra magia Divina com as velas, poderosíssima e fulminante, caso ativada "religiosamente" dentro de um local consagrado a trabalhos espirituais, é a que ensinaremos a seguir, que foi liberada pela Lei Maior e pela Justiça Divina para que os dirigentes dos templos de Umbanda os descarreguem, assim como aos seus médiuns, pois é muito comum as investidas de legiões infernais contra locais sacros destinados à desobsessão espiritual, desmanche de magias negras, desamarrações de trabalhos encomendados etc.

Muitos dirigentes são obrigados a fechar seus templos e a encerrar seus trabalhos espirituais quando começam a ser perseguidos por essas legiões sombrias, só porque elas não entendem que uma das atribuições divinas do Ritual de Umbanda Sagrada é regular as atuações espirituais negativas e conter os excessos dos seus poderes maléficos quando são ativados por magos negros encarnados.

As hordas sombrias que se servem desses falsos sacerdotes não admitem que interfiram nos trabalhos feitos pelos seus escravos encarnados, que as alimentam com sacrifícios de animais, com ebós sangrentos etc. Então voltam seus poderes tenebrosos e infernais contra o dirigente espiritual e seus médiuns auxiliares, objetivando enfraquecê-los, confundi-los ou desarmonizar a corrente espiritual a que pertencem.

Essas perseguições costumam ser persistentes e de difícil localização, porque não são atuações diretas e muitas vezes eles projetam só energias negativas aos médiuns por meio de cordões energéticos que alcançam determinados pontos do corpo deles e os inundam e começam a enfraquecê-los, a confundi-los, a emocioná-los, a exacerbar determinados sentimentos negativos existentes entre membros da corrente mediúnica, a despertar desejos não realizáveis ou angústias e remorsos adormecidos, criar fobias inexplicáveis ou desconfiança no próprio trabalho mediúnico e nas práticas espirituais etc.

Esses cordões energéticos negativos são projetados desde faixas vibratórias muito baixas e impossíveis de serem alcançadas pelos guias espirituais que normalmente dão consultas nos templos de Umbanda, que recomendam banhos de descarrego ou de fortalecimento energético, pois com isso neutralizam ou anulam as energias negativas acumuladas na aura das pessoas, mas não cortam esses cordões.

Em casos mais graves, até recorrem a descargas com pólvora, banhos de mar ou de cachoeira. Mas, em muitos casos, todos esses tratamentos são inócuos ou só paliativos temporários, pois algum tempo depois os cordões são restabelecidos e as pessoas atuadas voltam a sofrer.

Mas essas hordas sombrias também costumam abrir, durante os trabalhos espirituais, buracos negros no solo dos templos e, por meio deles, enviam espíritos perturbadores, zombeteiros ou sofredores, que desarmonizam todo o campo vibratório do templo em que os trabalhos são realizados.

Muitas vezes eles projetam cordões até a sola dos pés dos médiuns e esses sobem por dentro do corpo energético, alcançando os chacras por meio do eixo magnético do equilíbrio. Com isso, tornam os médiuns tão sobrecarregados de energias negativas que eles se sentem cansados, desanimados, apáticos, nervosos, irritadiços etc., enfraquecendo-os e aos trabalhos espirituais que realizam.

Temos também os casos de pessoas que cobram caro pelos "trabalhos" que realizam e que veem os sérios templos de Umbanda, que nada cobram, como concorrentes. Logo, ativam poderosas magias negras contra seus dirigentes ou esses templos limpos, visando fechá-los para dominarem o "mercado" espiritualista.

Com isso, se o dirigente não souber como anular essas magias negras, cortar a atuação de "Exus e Pombagiras fora da lei" ou dos temidos "kiumbas e eguns", logo o templo se desestrutura e fecha, encerrando um ponto de luz estabelecido a muito custo pelos mentores espirituais.

Bem, poderíamos continuar com a lista de tipos de atuação contra templos negativos, contra seus dirigentes e correntes mediúnicas, mas já passamos uma noção de como atuam as magias e os magos das sombras encarnados ou desencarnados que vivem delas. Logo, vamos ensinar-lhes a desativá-las, com a permissão dos Divinos Tronos da Lei Maior e da Justiça.

Esses quatro tronos tanto formam duas linhas puras quanto duas linhas mistas ou polarizadas pelos seus elementos.

- Os Tronos da Lei formam a linha eólica pura da Lei Maior.
- Os Tronos da Justiça formam a linha ígnea pura da Justiça Divina.
- O Trono Masculino da Lei é ordenador, de natureza eólica.
- O Trono Feminino da Lei é direcionador, de natureza eólica.
- O Trono Masculino da Justiça é equilibrador, de natureza ígnea.
- O Trono Feminino da Justiça é purificador ou consumidor de energias negativas, de natureza ígnea.

Ao polarizar-se, esses Tronos Divinos criam as linhas "religiosas" da Lei Maior e da Justiça Divina.

— Polarizam-se nos elementos, magnetismos, vibrações, ondas fatorais, ondas essenciais, ondas energéticas e ondas mentais, pois são em si poderosos Tronos regentes planetários e atuam em todas as dimensões da vida como Tronos aplicadores da Lei Maior.

## *Teurgia ou Magia Divina*

Acenda estas velas, todas de sete dias, nas cores que aqui indicamos:
- uma vela branca deve ser acesa sobre o seu altar, em nome do Trono da Fé;
- uma vela azul-escura deve ser acesa no canto à direita do altar do templo, em nome do Trono da Lei. Esse canto é o que fica à sua direita se estiver de frente para o altar. A vela deve ser colocada no solo;
- uma vela vermelha deve ser acesa no canto à esquerda do altar do templo em nome do Trono da Justiça. Ela também deve ser colocada no solo;
- uma vela amarela em nome do Trono da Lei deve ser acesa e colocada no canto em frente ao canto em que foi acesa a vela azul;
- uma vela laranja deve ser acesa em nome do Trono da Justiça e colocada no canto em frente ao canto em que foi acesa a vela vermelha, fechando um quadrado ou retângulo, dependendo do formato do local em que são realizados os trabalhos.

Depois, já com os "quatro cantos" firmados com velas de sete dias, então dirija-se ao centro do templo e, com uma pemba branca, risque estes sete raios, com uns trinta e cinco centímetros de comprimento:

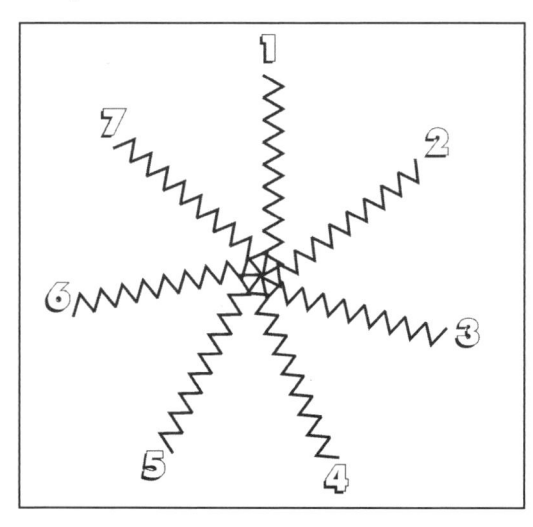

Depois, acenda uma vela branca comum no centro dos raios e consagre-a ao Senhor da Lei Maior e da Justiça Divina (Deus).

A seguir, acenda sete velas comuns com estas cores: azul (1), verde (2), rosa (3), marrom (4), vermelha (5), roxa (6) e amarela (7), sempre obedecendo ao número dos raios. Feito isso, faça esta evocação a Deus e aos seus Tronos da Lei Maior e da Justiça Divina:

> *Meu Divino Criador,*
> *clamo a Ti e peço que ative os mistérios equilibradores,*
> *purificadores, ordenadores*
> *e direcionadores dos seus Divinos Tronos*
> *regentes da Sua Lei Maior e da Sua Justiça Divina,*
> *para que eles atuem*
> *por meio da magia Divina que aqui firmei,*
> *e que por meio dela anulem,*
> *cortem, purifiquem ou desagreguem*
> *qualquer tipo de magia negra,*
> *trabalho feito, maldição, pragas, perseguições etc.*
> *que estejam atuando contra*
> *este nosso templo negativo.*
> *Amém.*

Caso, por trás dessas magias negativas, venham a estar entes infernais e tenebrosos dando-lhes cobertura, no momento em que firmar a vela do sétimo raio, no mesmo instante uma labareda consumidora os envolverá e consumirá todo negativismo deles.

As forças ígneas purificarão todo o espaço físico e etérico do seu templo; consumirão todos os cordões energéticos negativos que estiverem incomodando os médiuns e o seu dirigente; fecharão possíveis buracos negros abertos no solo etérico do templo; e consumirão os focos negativos ativados pelos magos negros.

Após tudo realizado, deixe queimar as velas do círculo raiado. No dia seguinte recolha os restos delas e apague o ponto raiado. Quanto às cinco velas de sete dias, devem permanecer no lugar em que foram firmadas até que se queimem totalmente, pois a teurgia dura sete dias ou um giro planetário das sete irradiações divinas ativadas no ponto raiado.

Após sete dias tudo se fechará e se desativará, só voltando a atuar caso repitam toda a operação mágica.

Os raios estão maiores que o normal porque precisamos mostrar a disposição das velas e suas cores. (Ver figura seguinte.)

80  A Magia Divina das Vélas

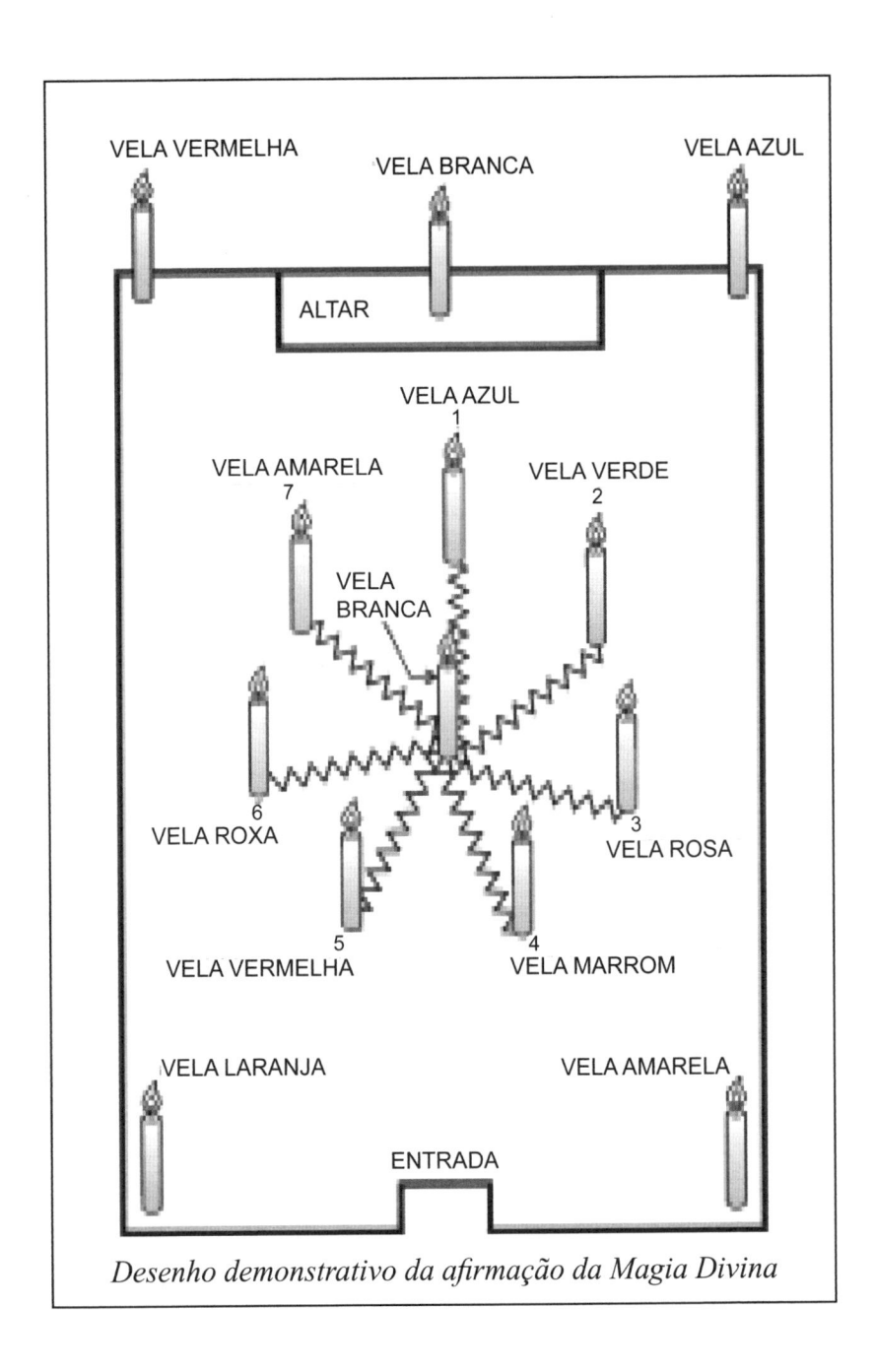

VELA VERMELHA  VELA BRANCA  VELA AZUL

ALTAR

VELA AZUL
1
VELA AMARELA        VELA VERDE
7                   2

VELA
BRANCA

6
VELA ROXA                    3
                         VELA ROSA

5                 4
VELA VERMELHA     VELA MARROM

VELA LARANJA                VELA AMARELA

ENTRADA

*Desenho demonstrativo da afirmação da Magia Divina*

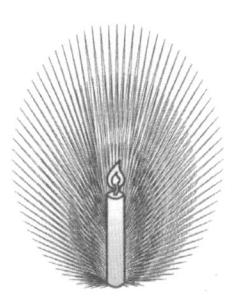

# As Irradiações ou Ondas Ígneas das Velas

Agora, vamos mostrar como são as ondas ígneas e os **desenhos formad**os no astral quando acendemos as velas.

## *Tipos de Ondas Irradiadas*

**Onda Reta:** Raios retos que correspondem ao Setenário. Cada onda chega:
- a um dos sete Tronos planetários;
- a um dos sete vórtices planetários;
- a uma das sete irradiações;
- a um dos sete chacras da pessoa a quem foram firmadas.

Essas ondas se alimentam de essências minerais, vegetais, cristalinas, ígneas etc.

**Onda em Espiral:** Sua principal atuação consiste em mexer com o emocional dos seres.
Também são desagregadoras de estados mórbidos nas pessoas; são diluidoras de egrégoras; são direcionadoras. Essa onda se alimenta de essências eólicas e ígneas.

**Onda Raiada:** São poderosas ondas ígneas que se alimentam de energias negativas e quanto mais delas houver num ambiente, mais rubras se tornam.
Mas à medida que o ambiente vai sendo limpo, vão passando para a cor vermelha, púrpura ou rosa.
Essas ondas se alimentam de essências ígneas, eólicas e minerais.

**Onda Espiral Plana:** São energizadoras do ambiente e cada espiral lança energia ígnea num grau magnético, formando no local em que foi firmada toda uma correspondência ígnea com os sete magnetismos planetários. Esta onda se alimenta de essência cristalina.

**Ondeante:** São ondas que, se sobem, estão energizando, e se descem, estão diluindo agregados energéticos negativos. Essas ondas se alimentam de essências minerais, eólicas e cristalinas.

**Ondeantes Entrelaçadas:** São ondas altamente energizadoras ou diluidoras, capazes de interpenetrar outros campos eletromagnéticos ígneos e diluí-los, pois vão direto ao centro magnético deles e os anulam, se direcionadas para uma magia negativa.
Se direcionadas para ajudar uma pessoa doente, as ondas ascendentes penetram no chacra básico e sobem pelo eixo magnético dela, desobstruindo os canais condutores das energias ou canais kundalíneos.
Já as descendentes descem pelo chacra coronário e vão queimando possíveis acúmulos de energias negativas existentes dentro do corpo energético da pessoa doente. Se forem ativar ondas ascendentes, devem colocar a vela entre os pés da pessoa. E se forem ativar as ondas descendentes, então devem colocar a vela sobre a cabeça. Essas ondas se alimentam de todas as essências.

**Círculos Concêntricos Planos:** São ondas que saem da chama ou do pé da vela e vão se expandindo horizontalmente. Eles crescem porque são ondas ígneas que se alimentam das energias negativas acumuladas no ambiente ou que estão agregadas no campo magnético da pessoa à qual foi firmada uma vela.
Essas ondas também interpenetram os sete campos vibratórios das pessoas e consomem as energias retidas dentro deles.
Esses círculos se alimentam de essências cristalinas, aquáticas e eólicas.

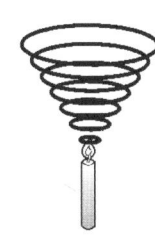

**Círculos Concêntricos Ascendentes e Descendentes:** São ondas circulares concêntricas que vão saindo da chama da vela e, à medida que vão subindo, vão se expandindo, formando um cone.
O mesmo acontece com as que saem do pé da vela e vão descendo. Essas ondas crescem porque se alimentam de essências minerais e cristalinas.

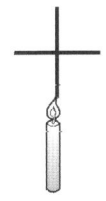

**Onda em Cruz:** Essa onda magnetiza o mental das pessoas e fortalece o racional, e são chamadas de ondas equilibradoras ou centralizadoras dos magnéticos.
Elas também descarregam o emocional das pessoas e servem para realinhar o eixo magnético individual, que penetra pelo chacra coronal e sai pelo chacra básico.
Alimentam-se de todas as essências.

**Ondas em Flechas:** São ondas retas, em cujas pontas há um triângulo ígneo, que vai absorvendo energias negativas, e vão atravessando campos eletromagnéticos. Se direcionadas para uma pessoa, cada seta ígnea penetra num dos sete chacras e a ponta triangulada alcança o centro magnético dele, acelerando o seu giro, pois vai consumindo energias densas acumuladas em sua raiz.
Alimentam-se de essências vegetais e eólicas.

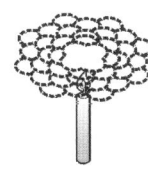

**Ondas por Propagação:** São ondas de fagulhas ígneas que vão avançando e diluindo condensações energéticas e desfazendo formas e pensamentos.

**Ondas Curvas:** São ondas movimentadoras do magnetismo de uma pessoa e ativam o emocional de quem estiver apático.
Alimentam-se de essências eólicas, cristalinas e aquáticas.

**Ondas Curvas Paralelas:** São ondas que saem, cada uma num grau vibratório, e seguem sempre paralelas, formando um feixe ígneo em acordo com as sete correntes eletromagnéticas horizontais, as quais alcançam e chegam até onde devem ir ou até quem foi evocado.
Alimentam-se, cada uma, de uma essência.

**Ondas de Raios Cruzados:** São ondas de raios, duplas, em que uma vai energizando e a outra vai consumindo energias negativas. Elas tanto sobem quanto descem.
Alimentam-se de todas as essências.

**Ondas de Fagulhas Retas Paralelas:** São ondas de pequenas fagulhas retas que saem de todo o corpo da vela, como se fossem agulhas incandescentes.
Saem sempre na horizontal e vão espalhando-se num círculo de trezentos e sessenta graus, diluindo condensações de energias enfermiças.
Alimentam-se de todas as essências.

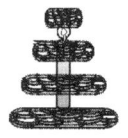

**Nuvens de Pequenas Ondas Circulares:** São muitas ondas, minúsculas, que vão consumindo todo tipo de energia.
Alimentam-se de todas as essências.

**Ondas Caniculares**: São ondas que formam canículos ígneos que vão descendo pela vela.
Usadas para energizar ou descarregar uma pessoa, alimentam-se de essências vegetais, eólicas e aquáticas.

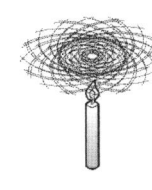

**Ondas Cintilantes Propagatórias:** São ondas propagatórias, cujas fagulhas são pequenas curvas ou ganchos, e assumem muitas tonalidades cintilando ao redor da vela.

Essas ondas, ao alcançarem uma pessoa, penetram em seu corpo energético e dão início à captação de essências, que vão se acumulando ao redor delas e formando energias, que vão fortalecendo o magnetismo mental e acelerando o giro dos chacras básico, esplênico e cardíaco.

Velas rosa, azul e lilás são as que mais produzem essas ondas.

A vela azul pode ser colocada sobre o chacra coronário de uma pessoa, pois o desobstrui em instantes, consumindo energias psíquicas.

A vela rosa deve ser colocada sobre o chacra esplênico, pois o energiza, vitalizando-o.

A vela lilás deve ser colocada sobre o púbis, pois desagrega condensações energéticas negativas de ordem sexual e purifica o aparelho genésico.

Enfim, são muitos os tipos de ondas ígneas que as velas podem irradiar. Aqui mostramos alguns para que vocês para que, já cientes da existência deles, possam direcioná-los mentalmente.

Sim, olhem para a chama da vela e mentalizem o tipo de onda que devem projetar, ordenando-lhe mentalmente o que ela deve realizar.

No caso de colocar uma vela sobre o corpo de uma pessoa, segurem-na com a mão direita, se for para energizá-la ou curá-la. E se for para desagregar energias negativas acumuladas nos órgãos físicos ou nos órgãos do corpo energético, segurem-na com a mão esquerda.

O pé da vela deve ficar em contato por cinco minutos com a pele da pessoa, porque estarão trabalhando com o poder das chamas.

Projetem mentalmente, com firmeza mesmo, as ondas, que todo um poderoso fluxo acompanhará suas ondas mentais e chegará até o objeto, magia ou pessoa que estão trabalhando.

*Correspondência das velas coloridas para desobstrução dos chacras*

| Velas | Chacras |
|---|---|
| Branca | coronário, frontal, solear, laríngeo e básico |
| Azul | coronário, cardíaco, umbilical e laríngeo |
| Verde | frontal, coronário, esplênico e laríngeo |
| Vermelha | umbilical, básico, esplênico e laríngeo |
| Lilás | coronário, cardíaco, básico e esplênico |
| Rosa | frontal, cardíaco, esplênico e laríngeo |
| Amarela | frontal, laríngeo, umbilical, esplênico e básico |
| Laranja | umbilical, frontal, cardíaco e básico |

Essas cores atuam com maior intensidade e eficácia nesses chacras e devem ser mantidas sobre eles por cinco minutos, porque esse é o tempo de que as ondas ígneas precisam para diluir, queimar, anular ou desagregar os acúmulos de energias que se formam ao redor deles, mas dentro do corpo energético.

Os acúmulos de energias negativas ao redor deles provocam várias disfunções no organismo das pessoas e, até mesmo, alguns órgãos têm suas funções alteradas, criando nas pessoas a sensação de estarem doentes, quando na verdade o que está acontecendo é só um desequilíbrio vibratório, energético e magnético no seu corpo energético ou espiritual.

Os chacras são como os filtros de ar e, se ficarem obstruídos, não captam do prana a quantidade de energia de que uma pessoa precisa para manter em equilíbrio vibratório, magnético e energético o seu corpo energético ou espiritual.

Um bastão de vidro incolor, igual aos usados para espremer o limão da "caipirinha", se levemente aquecido na chama de uma vela e friccionado sobre os chacras, puxa para si toda a energia negativa acumulada ao redor deles.

Aqueça apenas a ponta redonda do bastão e só até ela absorver energia ígnea, mas de forma que o calor seja suportável pela pele do corpo.

Portanto, alguns segundos próximo da chama da vela já são suficientes para aquecê-lo. Ele deve ficar morno, nunca quente. E o seu manipulador deve testá-lo em si antes de aplicá-lo na pessoa que estará limpando.

Essa é uma precaução para que um recurso curador não venha a causar dores ou queimaduras na pessoa que está tratando.

O vidro é amorfo e não tem a estrutura reticular que têm as pedras de cristais ou minerais.

Então, o vidro, sendo um material amorfo, magnetiza-se assim que é aquecido e torna-se um poderoso absorvedor de todos os tipos de energias negativas, inclusive as de natureza humana ou "carnal".

Já o quartzo, se levemente aquecido, projeta ondas ígneas raiadas de até dois metros de distância, alimentando-se das energias negativas do ambiente. Logo, não é aconselhável o seu uso nos chacras, porque suas ondas são muito longas.

Nós só recomendamos o uso do quartzo aquecido pela chama das velas se for para descarregar a aura de uma pessoa ou mesmo um ambiente. Suas ondas raiadas ígneas são vorazes, devoradoras de energias negativas condensadas ao redor de uma pessoa ou no ambiente em que ela vive ou trabalha.

O bastão de vidro, quando aquecido, puxa para seu interior toda a energia negativa acumulada ao redor dos chacras e as descarrega no meio ambiente, mas já partidas, impedindo que elas tornem a se condensar, pois são arrastadas pelas correntes eletromagnéticas.

> Uma ametista levemente aquecida, se passada ao redor da cabeça, circulando-a várias vezes, a descarrega das energias negativas que se acumulam nas auréolas, que nada mais são que campos eletromagnéticos do mental.

Nosso mental projeta sete círculos concêntricos, que são sete campos eletromagnéticos, cada um vibrando num padrão e grau só seu e que o separa dos outros, pois tem funções só sua.

Só os "espíritos" desenvolvem o magnetismo mental "sétuplo" ou formado por sete campos eletromagnéticos concêntricos.

Os seres naturais (os que não encarnam) não desenvolvem o magnetismo sétuplo, e uns desenvolvem dois, outros três, outros quatro e outros cinco campos eletromagnéticos mentais.

# Tipos de Ondas Ígneas Irradiadas pelas Velas de Diferentes Cores

## Vela Branca

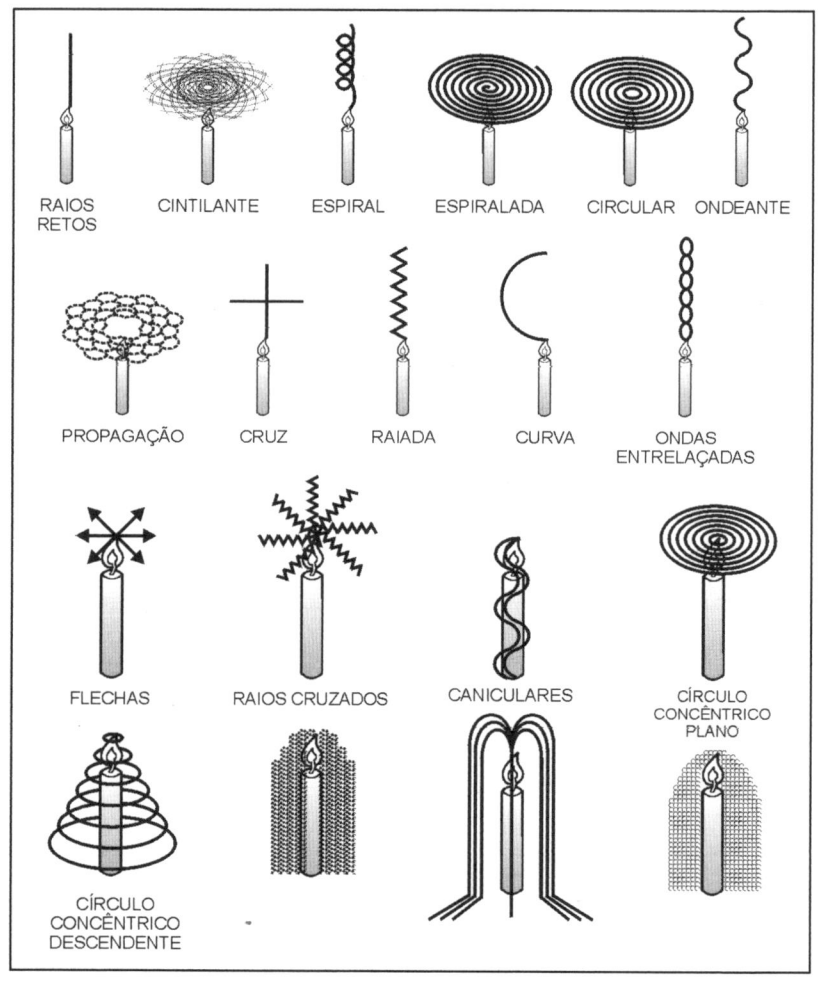

| | | |
|---|---|---|
| RAIOS RETOS | CINTILANTE | ESPIRAL |
| ESPIRALADA | CIRCULAR | ONDEANTE |
| PROPAGAÇÃO | CRUZ | RAIADA |
| CURVA | ONDAS ENTRELAÇADAS | FLECHAS |
| RAIOS CRUZADOS | CANICULARES | CÍRCULO CONCÊNTRICO PLANO |
| CÍRCULO CONCÊNTRICO DESCENDENTE | | |

*Algumas das vinte e uma irradiações emanadas pela chama da vela branca*

## Vela Azul-clara

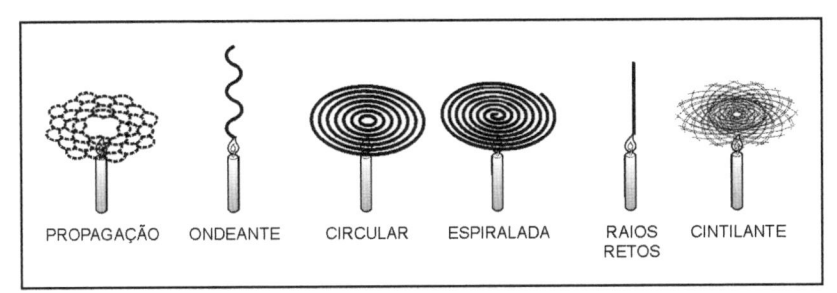

| PROPAGAÇÃO | ONDEANTE | CIRCULAR | ESPIRALADA | RAIOS RETOS | CINTILANTE |

## Vela Azul-escura

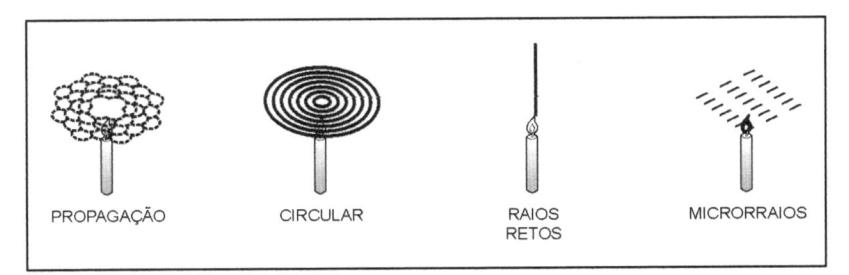

| PROPAGAÇÃO | CIRCULAR | RAIOS RETOS | MICRORRAIOS |

## Vela Verde

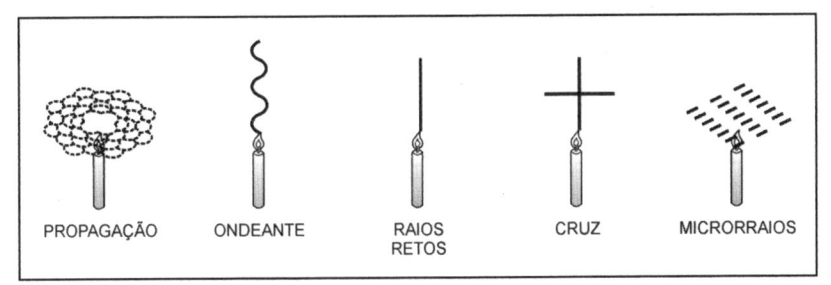

| PROPAGAÇÃO | ONDEANTE | RAIOS RETOS | CRUZ | MICRORRAIOS |

## Vela Roxa

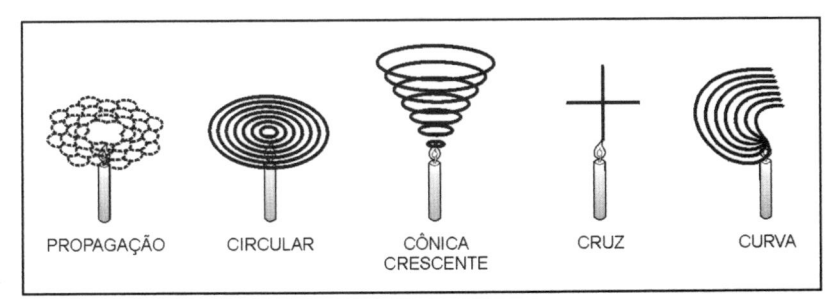

| PROPAGAÇÃO | CIRCULAR | CÔNICA CRESCENTE | CRUZ | CURVA |

## Vela Amarela

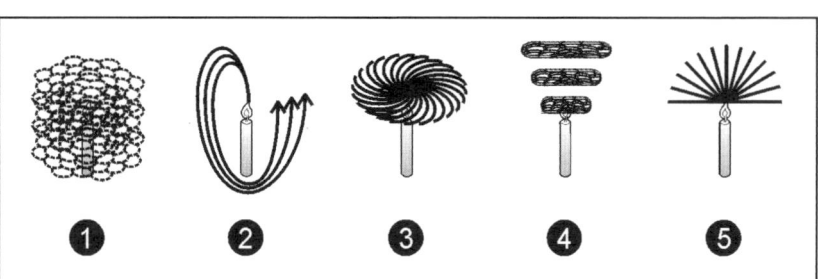

1 – Propagação permanente no raio de um metro ao redor da vela.
2 – Fluxo de três raios que descem, passam por baixo da vela e depois vão até onde foi direcionada.
3 – Espiral que fica girando sobre a vela e vai enviando cordões luminosos.
4 – Propagação segmentada de nuvens de fagulhas que vão subindo e crescendo.
5 – Raios que saem da chama, cobrindo os 180° acima do bico da vela.

## Vela Rosa

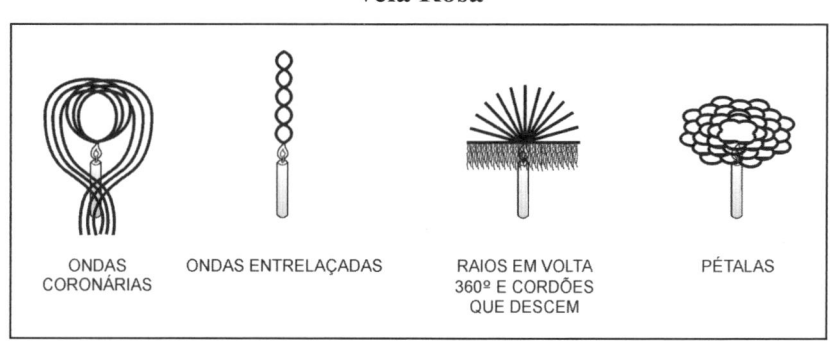

- ONDAS CORONÁRIAS
- ONDAS ENTRELAÇADAS
- RAIOS EM VOLTA 360º E CORDÕES QUE DESCEM
- PÉTALAS

## Vela Vermelha

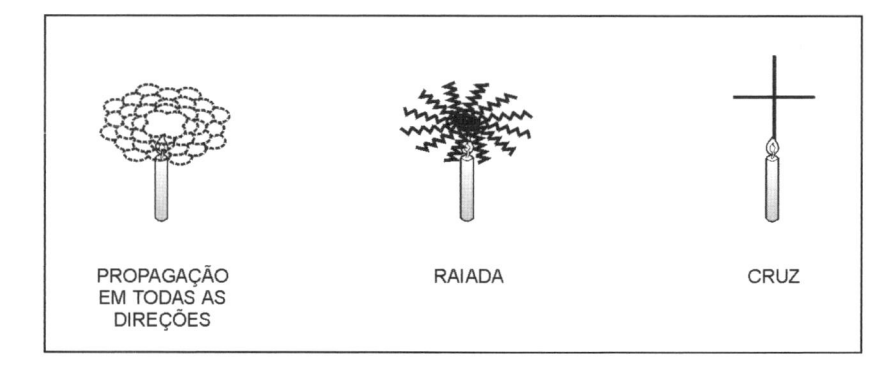

- PROPAGAÇÃO EM TODAS AS DIREÇÕES
- RAIADA
- CRUZ

*As Irradiações ou Ondas Ígneas das Velas* 91

## Vela Dourada

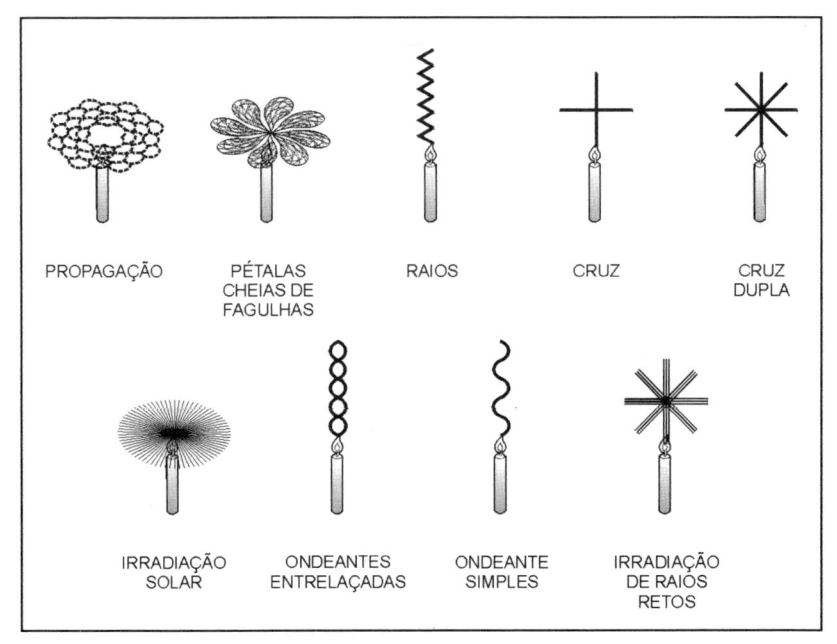

| PROPAGAÇÃO | PÉTALAS CHEIAS DE FAGULHAS | RAIOS | CRUZ | CRUZ DUPLA |
|---|---|---|---|---|

| IRRADIAÇÃO SOLAR | ONDEANTES ENTRELAÇADAS | ONDEANTE SIMPLES | IRRADIAÇÃO DE RAIOS RETOS |
|---|---|---|---|

## Vela Marrom

| CÍRCULOS QUE DESCEM E VÃO CRESCENDO | NUVENS DE FAGULHAS CONDENSAM-SE AO REDOR DA CHAMA DESCENDO E CRESCENDO | ESPIRAIS QUE SE PROJETAM ATÉ O ALVO | ONDEANTE | TRÊS FLUXOS |
|---|---|---|---|---|

## Tipos de ondas ígneas irradiadas com círculos de sete velas de uma só cor

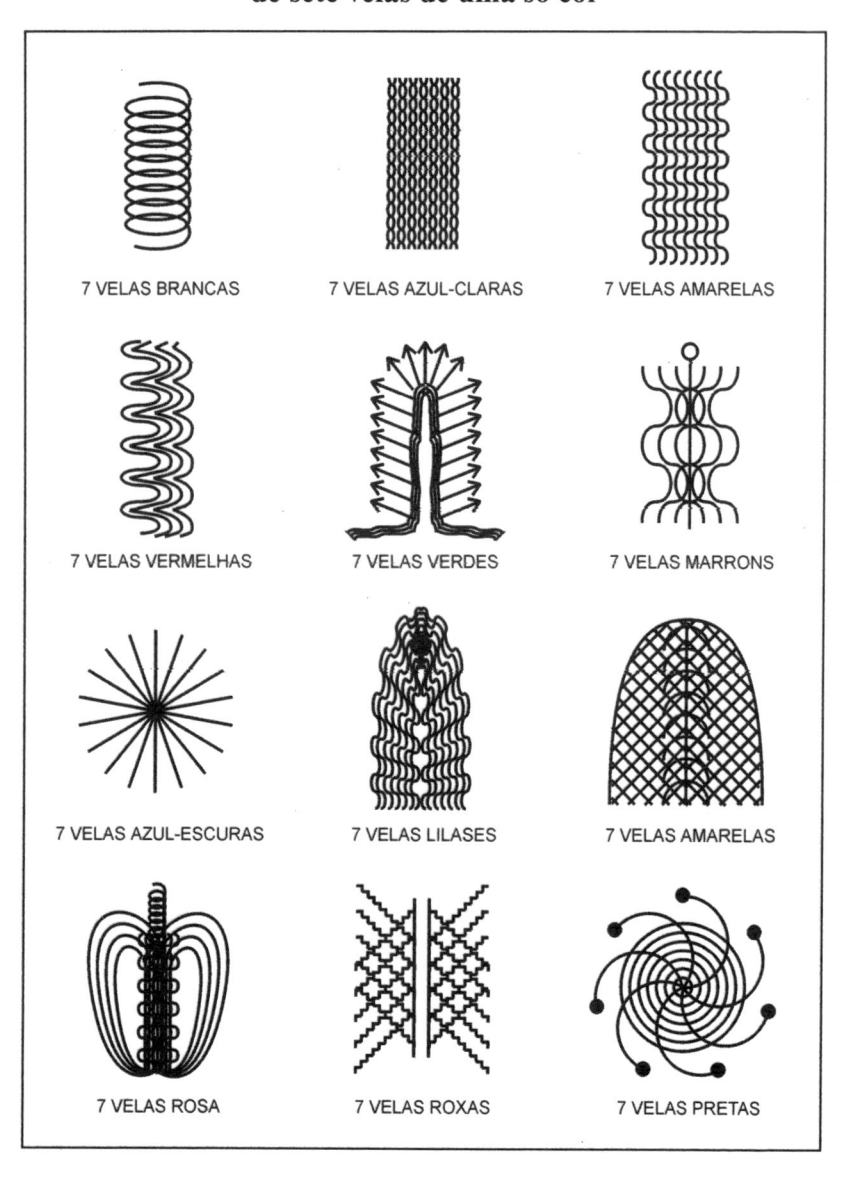

7 VELAS BRANCAS

7 VELAS AZUL-CLARAS

7 VELAS AMARELAS

7 VELAS VERMELHAS

7 VELAS VERDES

7 VELAS MARRONS

7 VELAS AZUL-ESCURAS

7 VELAS LILASES

7 VELAS AMARELAS

7 VELAS ROSA

7 VELAS ROXAS

7 VELAS PRETAS

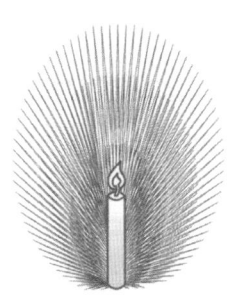

# Ativação dos Tronos

## Trono Masculino da Geração
### *(IÁ-FÉR-SI-HE-II*M-YÊ)

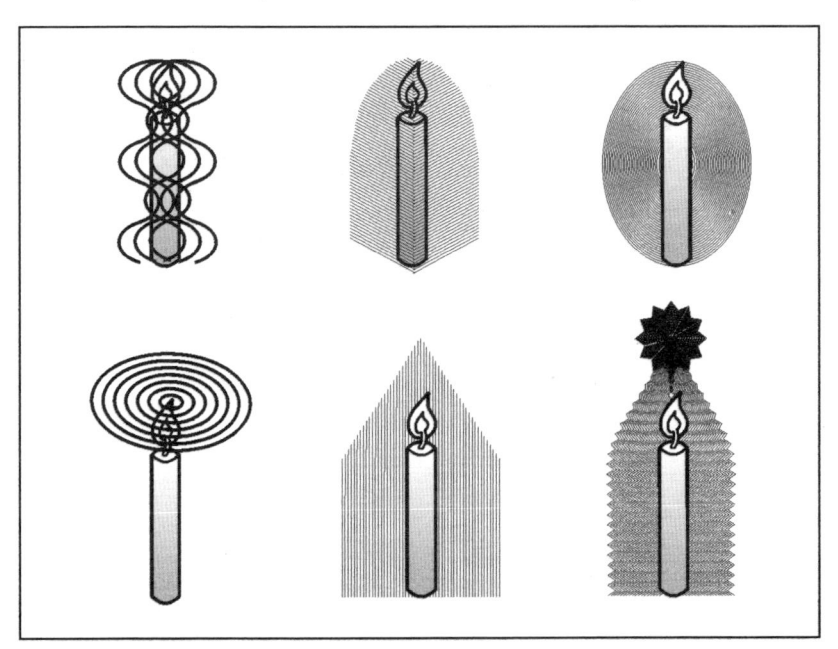

**Vela Roxa**

Essa vela deve ser acesa para pedidos de cura de enfermidades, assim como para afastamento de espíritos sofredores, obsessores ou zombeteiros.

# *Trono Feminino da Evolução*
## (IÁ-FÉR-MA-RÉ-IIM-YÊ)

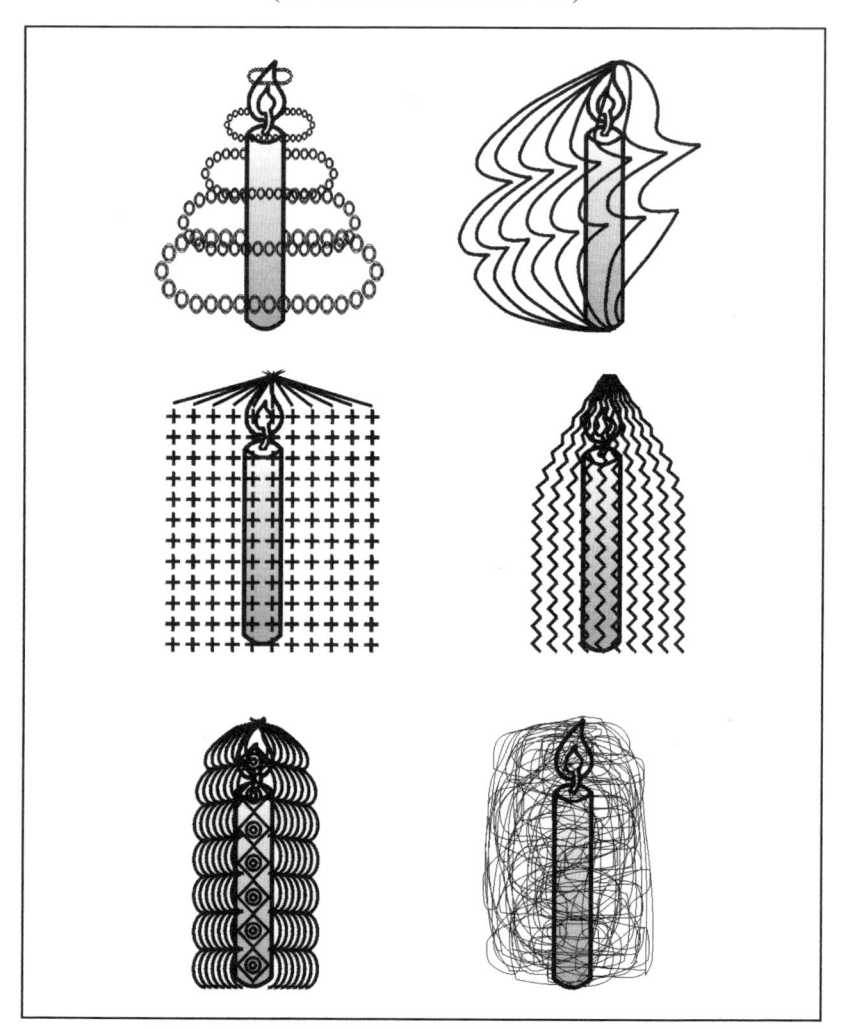

**Vela Lilás**

Essa vela deve ser acesa para pedidos de saúde, de amparo familiar e de âmbito profissional. Também serve para afastar pessoas invejosas, cobiçosas ou falsas.

# Trono Feminino do Amor
## (IÁ-FÉR-MA-IIM-YÊ)

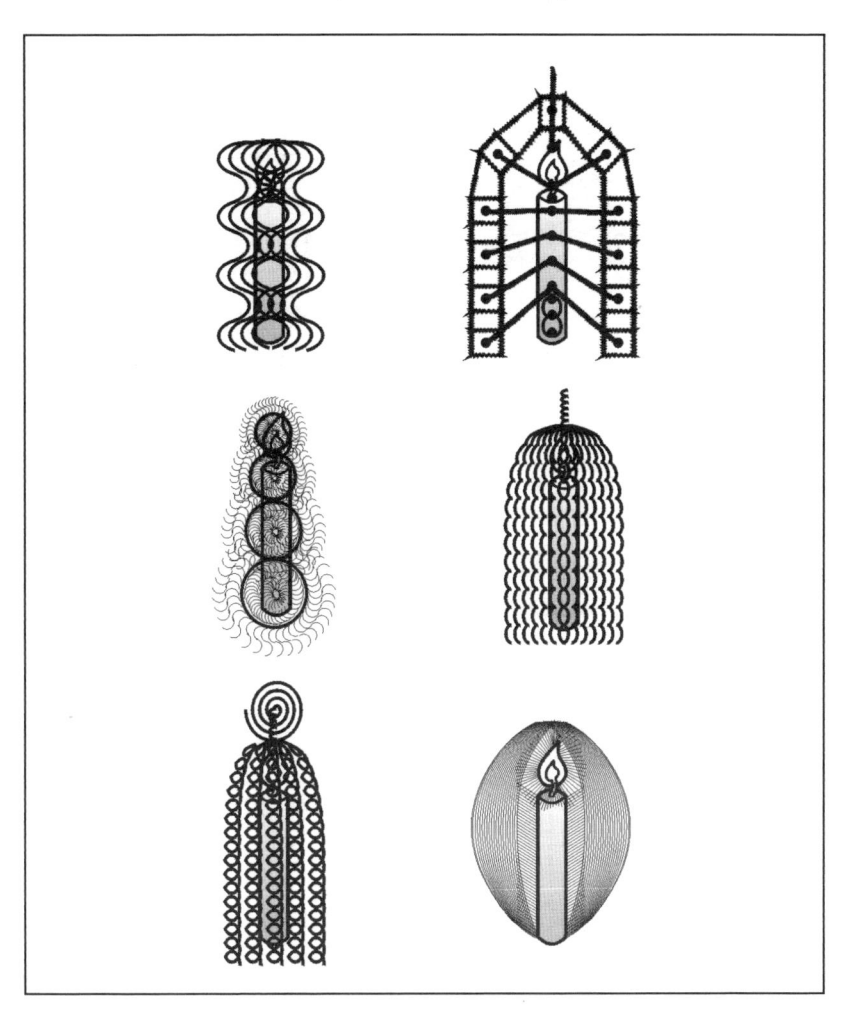

**Vela Rosa**

Essa vela deve ser acesa para pedidos de união, para auxílio durante a gravidez ou para conseguir engravidar. Também deve ser acesa para pedir prosperidade no plano material e evolução nos planos consciencial e espiritual.

# Trono Masculino da Lei
## (IÁ-FÉR-AG-IIM-YÊ)

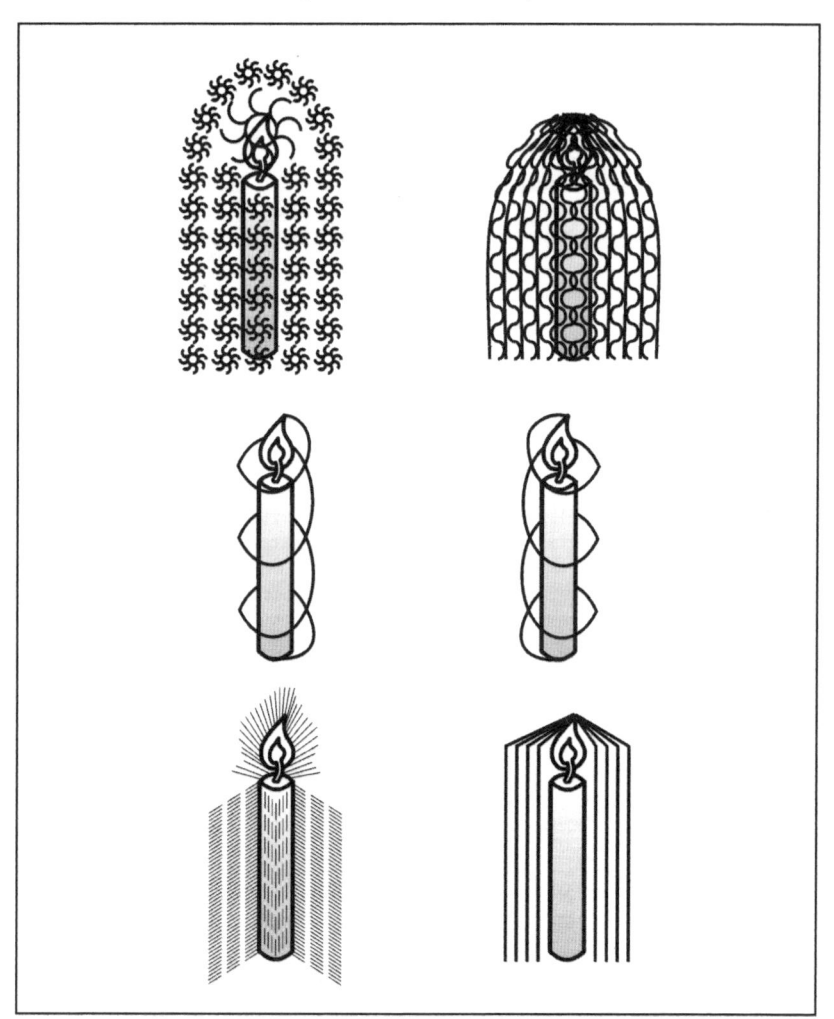

**Vela Azul-escura**

Deve ser acesa para abertura dos caminhos materiais ou espirituais, para proporcionar oportunidades profissionais e também para afastar obsessores.

## Trono da Justiça
### (IÁ-ÓR-RA-IIM-YÊ — IÁ-FÉR-KA-LI-IIM-YÊ)

**Vela Marrom**

Deve ser acesa para pedido de auxílio no campo religioso das pessoas, quando estas estiverem confusas, bloqueadas mediunicamente ou sendo demandadas.

# Trono Feminino da Justiça
(IÁ-FÉR-KA-LI-IIM-YÊ)

**Vela Laranja**
Deve ser acesa para pedidos de justiça, purificação de ambientes e para cortar magias negras.

# Trono Masculino da Justiça
(IÁ-ÓR-RA-IIM-YÊ)

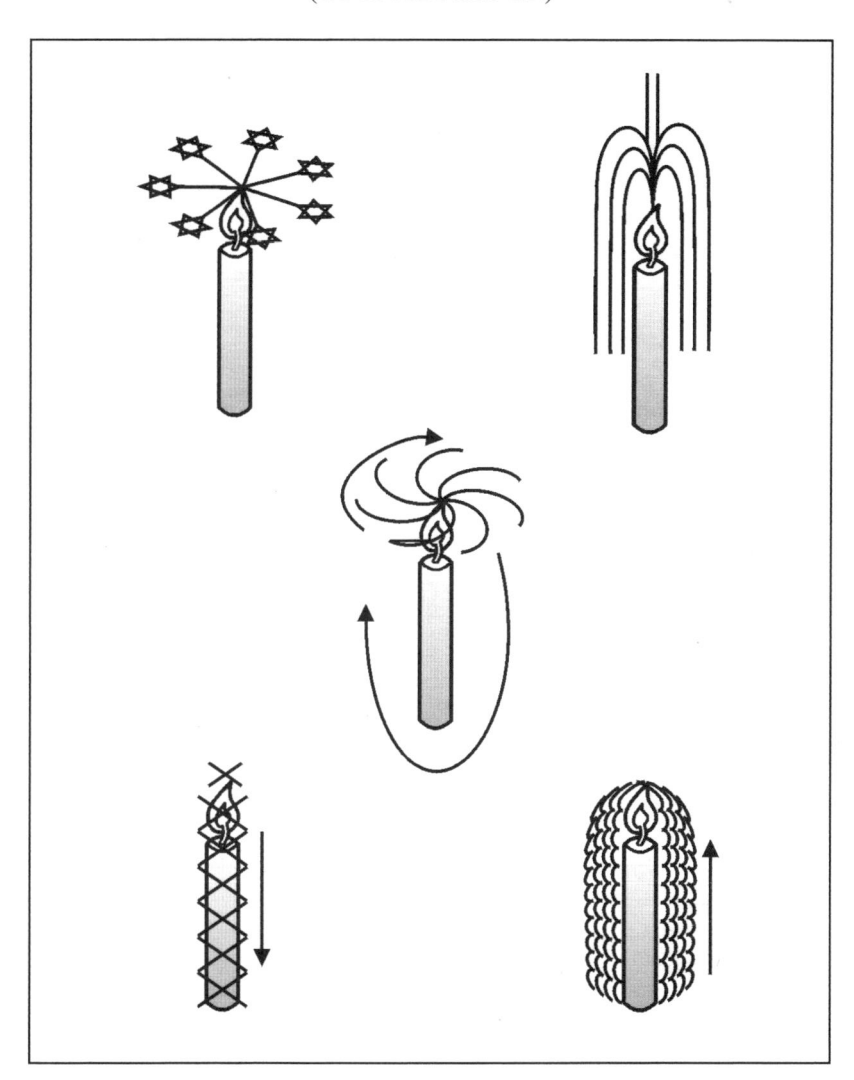

**Vela Vermelha**

Deve ser acesa para pedidos de justiça, para afastar inimigos e para proteção contra pessoas falsas, invejosas ou traidoras.

## *Trono Feminino da Geração*
### (IÁ-HÓR-MA-NI-IIM-YÁ)

**Vela Azul**

Essa vela deve ser acesa para pedir saúde, harmonia familiar e matrimonial, e para purificar os ambientes.

# Trono do Conhecimento
## (IÁ-FÉR-SE-HI-IIM-YÊ)

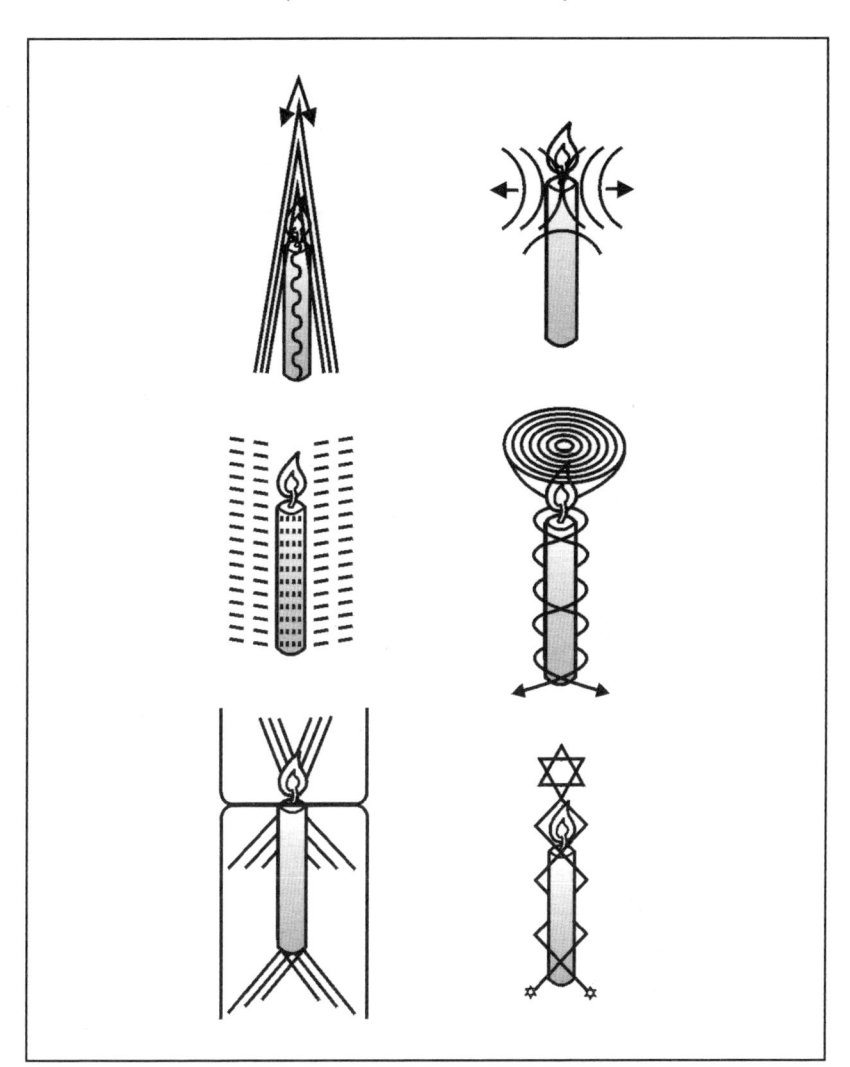

**Vela Verde**
Essa vela serve para pedidos de saúde, para abertura de oportunidades profissionais e para melhorar o raciocínio.

# Trono Feminino da Lei
## (IÁ-FÉR-ÇA-IIM-YÊ)

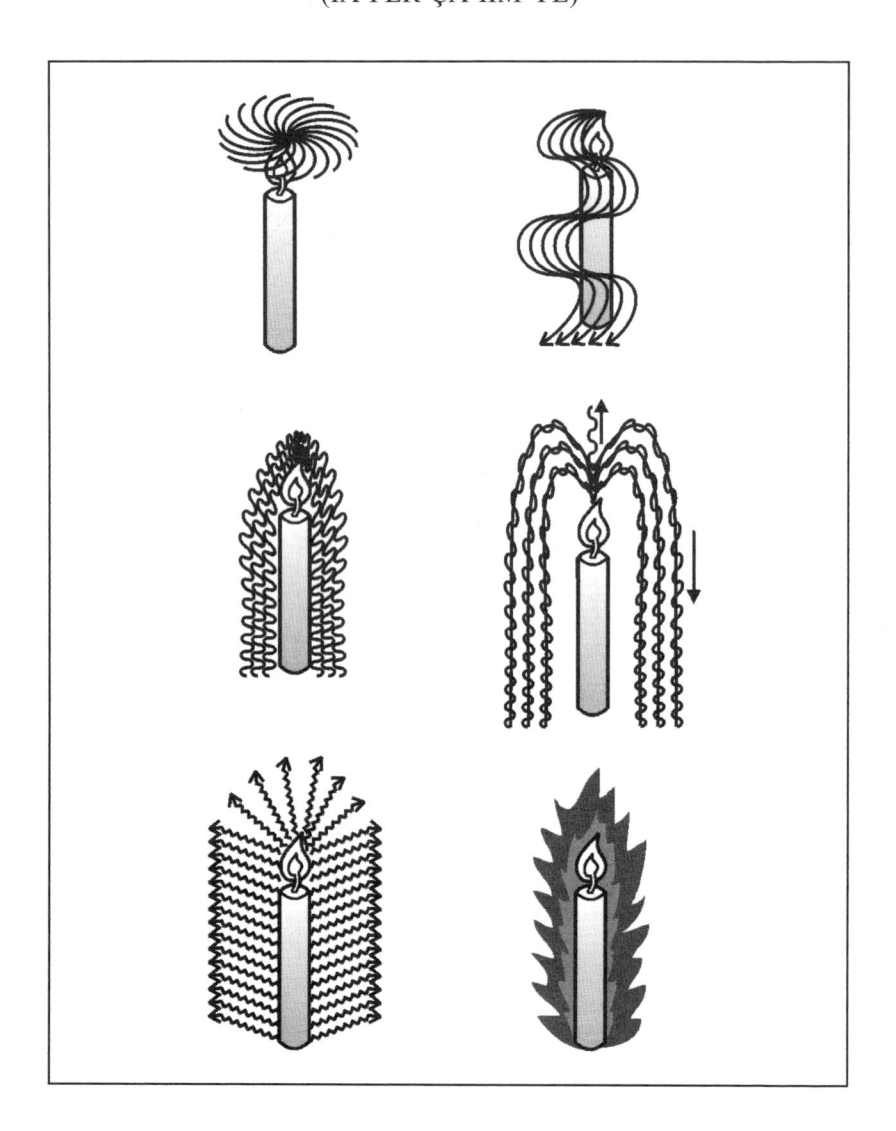

**Vela Amarela**

Essa vela é do Trono Feminino da Lei Maior e ser*ve para direciona*r a vida das pessoas.

# *Trono da Vitalidade*
## (IÁ-FER-ME-HOR-IIM-YÊ)

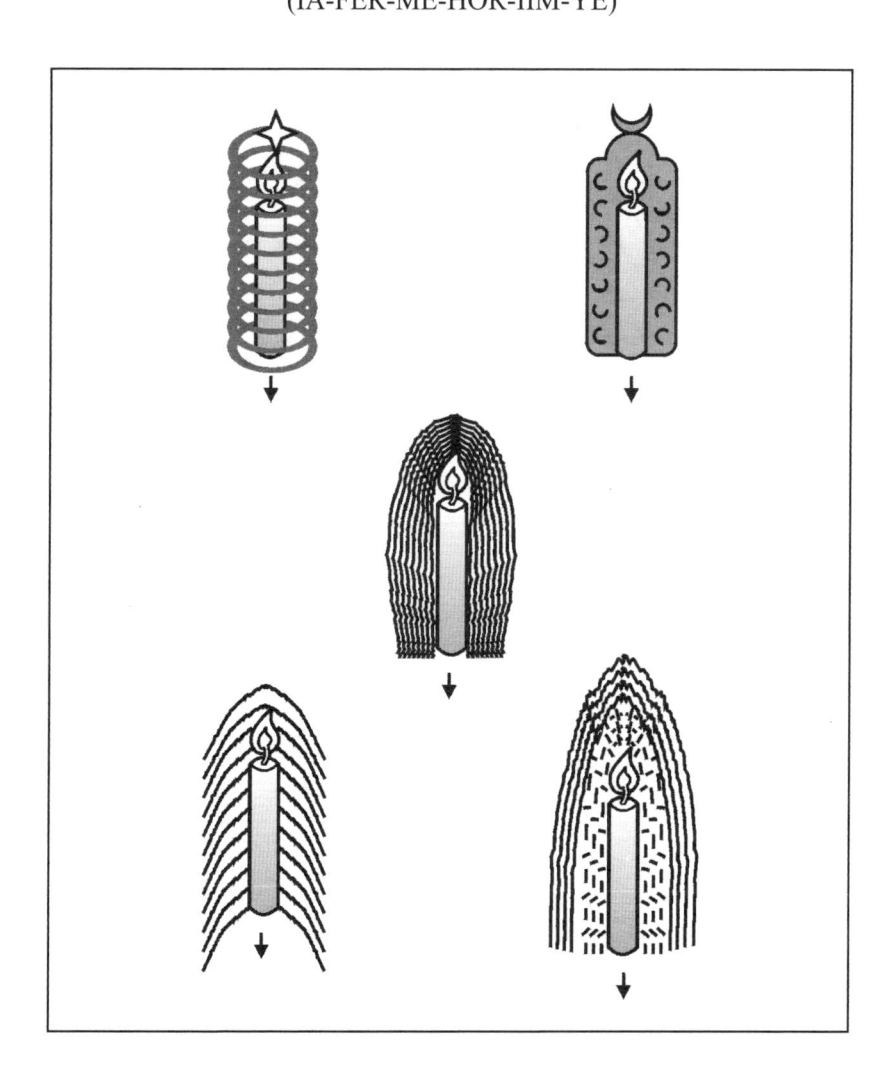

**Vela Preta**

Essa vela deve ser acesa no quintal e deve ser consagrada a Deus e ao Divino Trono da Vitalidade Mehór yê, pedindo a Deus ea esse Trono que afastem de suas casas quaisquer atuações negativas.

## *Todos os Tronos (1)*

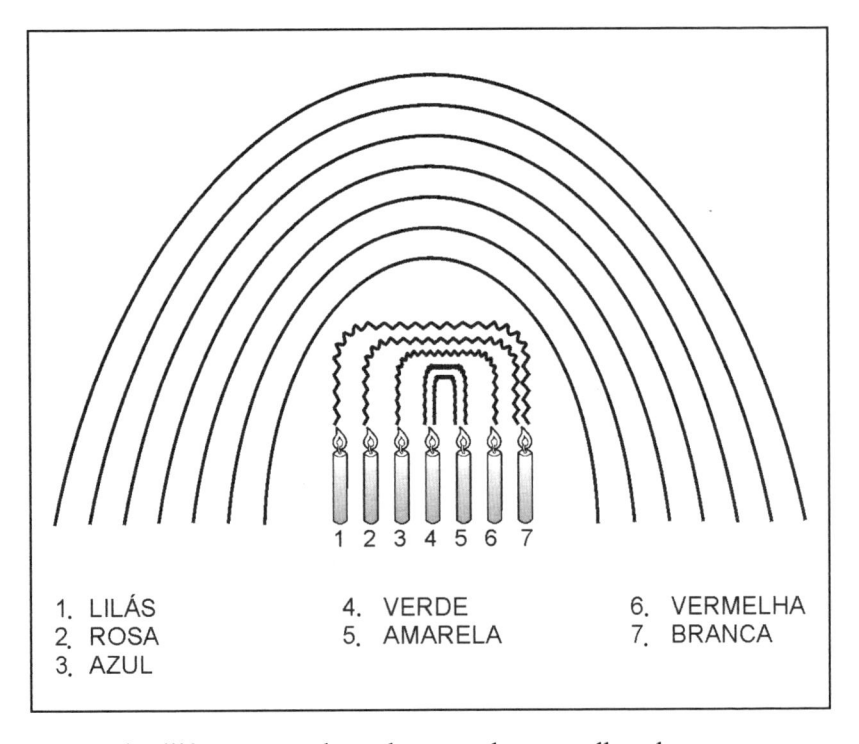

1. LILÁS
2. ROSA
3. AZUL
4. VERDE
5. AMARELA
6. VERMELHA
7. BRANCA

Velas lilás, rosa, azul, verde, amarela, vermelha e branca. Servem para pedidos variados de auxílio.

# Todos os Tronos (2)

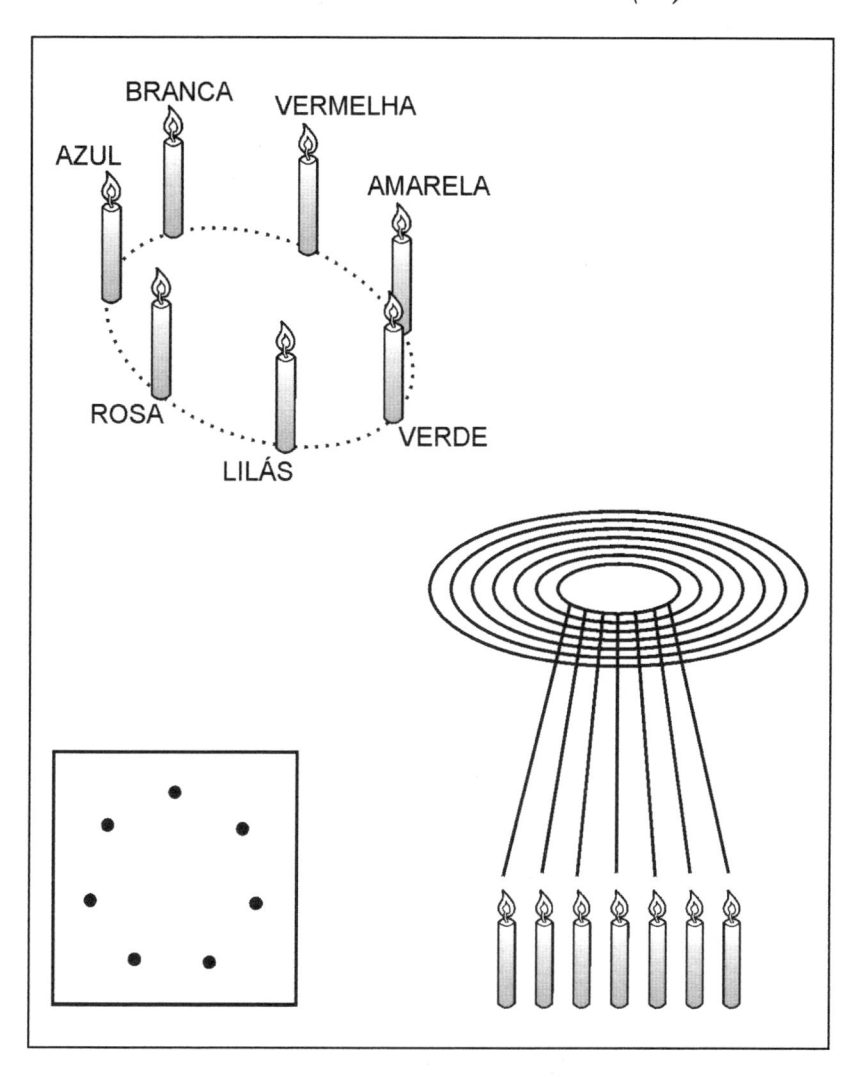

Serve para pedidos diversos, tais como cortar magias negativas, pragas, amaldiçoamentos, inveja, quebrante, mau-olhado etc.

Em caso de pessoas obsediadas, doentes ou internadas, deve-se colocar o nome ou uma foto recente delas dentro desse círculo mágico, que deve ser firmado no solo.

# Tronos da Lei Maior
### (IÁ-FÉR-AG-IIM-YÊ — IÁ-FÉR-ÇA-IIM-YÊ)

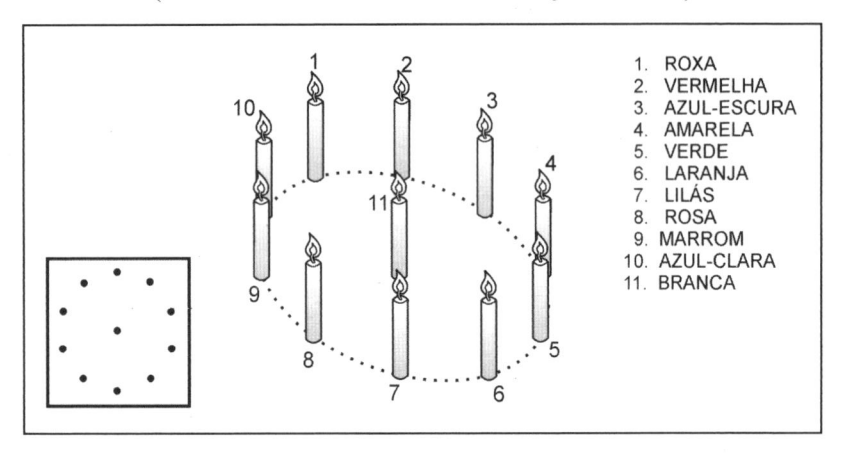

1. ROXA
2. VERMELHA
3. AZUL-ESCURA
4. AMARELA
5. VERDE
6. LARANJA
7. LILÁS
8. ROSA
9. MARROM
10. AZUL-CLARA
11. BRANCA

  Serve para afastar espíritos obsessores, limpar ambientes e cortar magias negativas. Também serve, clamando a Deus e ao Trono da Lei, para redirecionar a vida das pessoas, afastando-as de condutas negativas. Deve-se acender sete vezes durante sete dias seguidos.

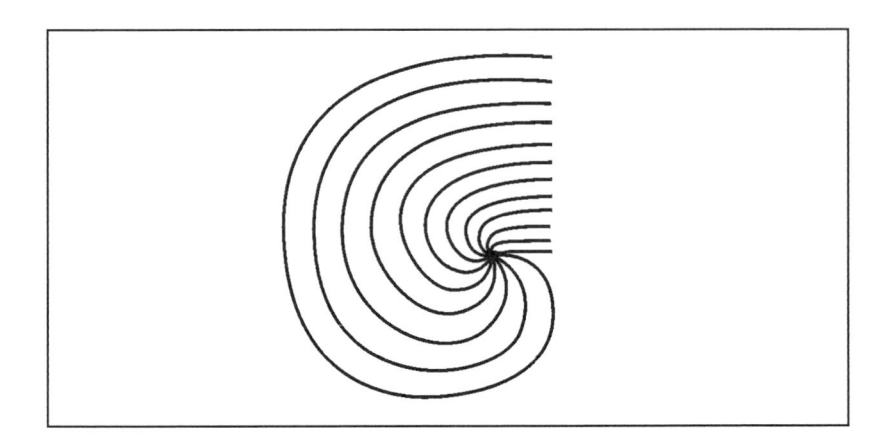

  Esse círculo forma um arco-íris celestial, sai da chama da vela branca e, depois, projeta, em caracol, suas cores rumo ao infinito.

*Ativação dos Tronos* 107

# *Trono da Fé*
(IÁ-ÓR-NA-HI-IIM-YÊ — IÁ-ÓR-NA-HE-IIM-YÊ)

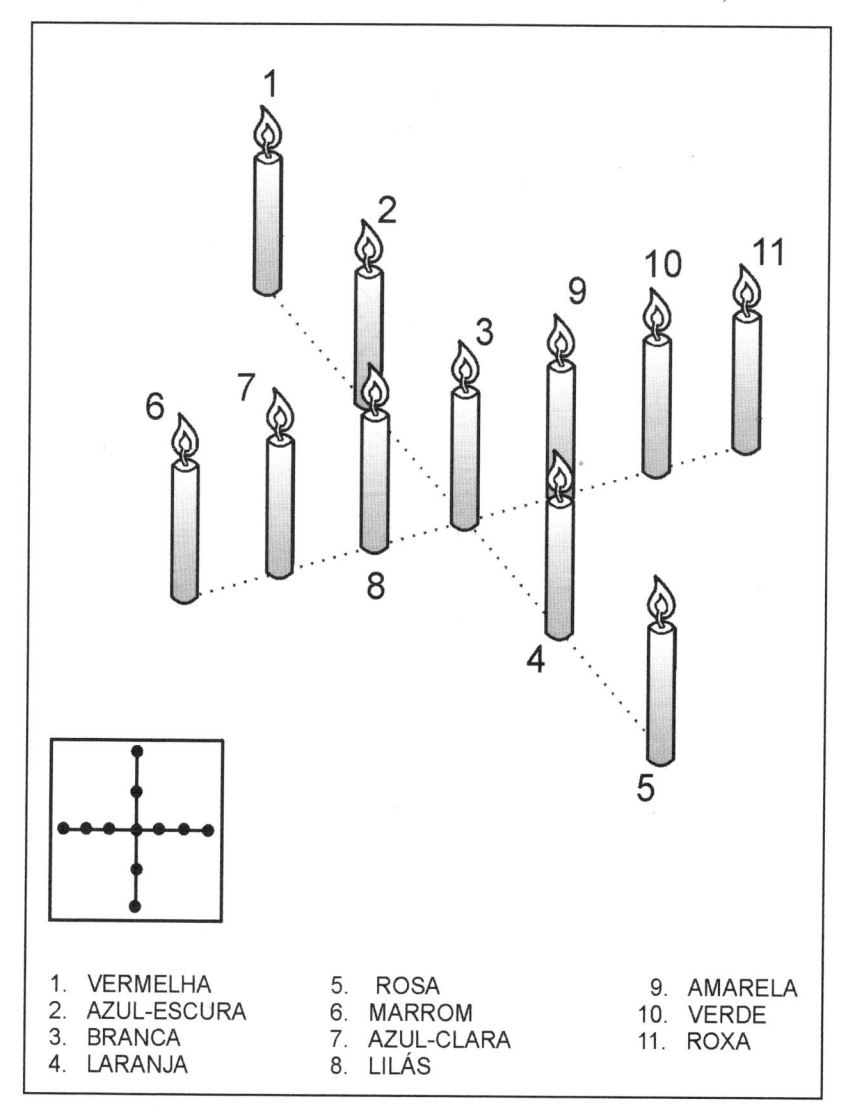

1. VERMELHA
2. AZUL-ESCURA
3. BRANCA
4. LARANJA
5. ROSA
6. MARROM
7. AZUL-CLARA
8. LILÁS
9. AMARELA
10. VERDE
11. ROXA

Deve-se acender para pedidos de paz, harmonia, descargas de energias negativas etc.

# Trono da Fé
## (IÁ-ÓR-NA-HI-IIM-YÊ)

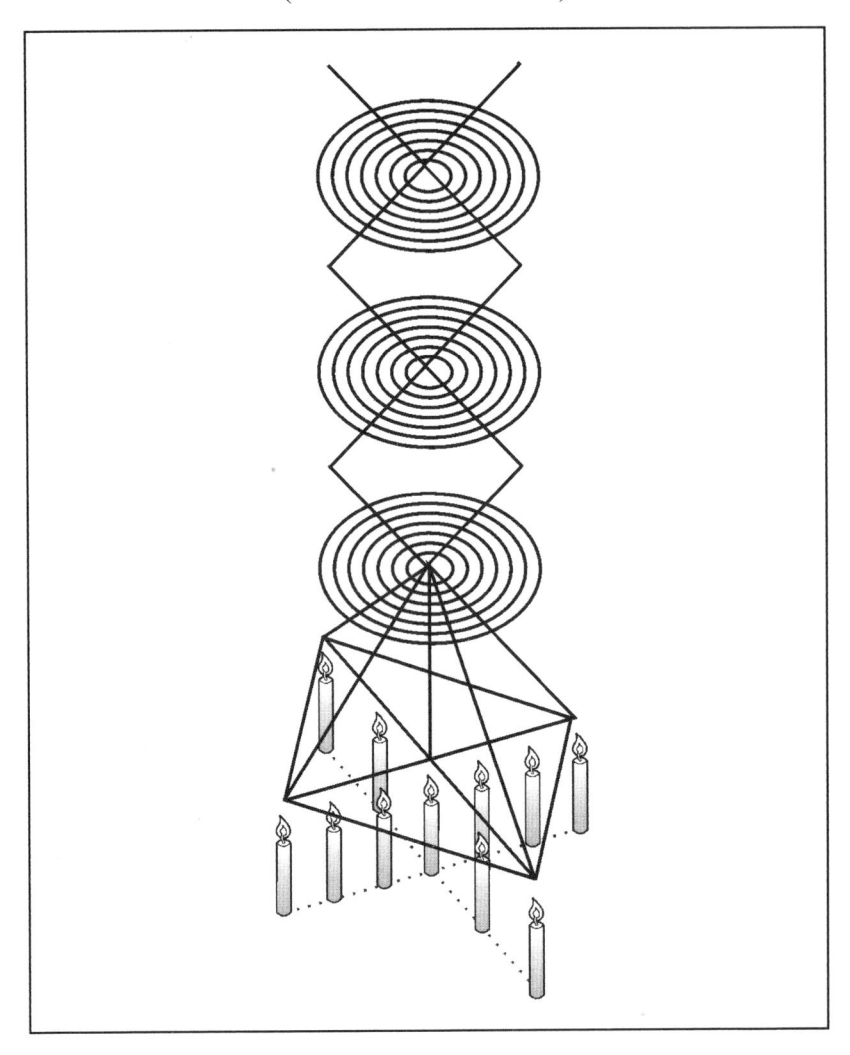

Essa cruz projeta raios para o alto. Eles vão formando losangos e entre um e outro forma-se uma sequência de círculos horizontais.

Serve para limpeza de ambientes e afastamento de espíritos sofredores ou zombeteiros.

# Trono Masculino da Evolução
## (IÁ-ÓR-RA-IIM-YÊ)

**Vela Violeta**

Seguem-se as mandalas ígneas formadas pela chama dessa vela em relação aos diversos Tronos de Deus.

Deve-se acender uma vela violeta de sete dias, consagrá-la a Deus e ao seu Trono Masculino da Evolução, evocando essa divindade e solicitando seu auxílio na solução de problemas com espíritos sofredores, "encostados" ou obsessores.

## Vela Violeta

Deve-se acender uma vela violeta de sete dias, consagrá-la a Deus e ao seu Trono Masculino da Evolução. A seguir, mentalizar esse "desenho" ígneo e trazê-lo ao chacra frontal, evocando essa divindade e solicitando seu auxílio na transmutação de conceitos e sentimentos não virtuosos.

## Vela Violeta

Deve-se acender uma vela violeta de sete dias, consagrá-la a Deus e ao seu Trono Masculino da Evolução. A seguir, mentalizar esse "desenho" ígneo, evocar essa divindade e solicitar seu auxílio na cura de doenças, na diluição de discórdias etc.

## Vela Violeta

Deve-se acender uma vela violeta de sete dias, consagrá-la a Deus e ao seu Trono Masculino da Evolução. A seguir, evocar essa divindade e, mentalizando essa "mandala" ígnea, trazê-la para vocês, posicionando-a ao seu redor, pois ela limpará suas auras e afastará espíritos sofredores.

## Sete Velas Violeta Acesas em Círculo

Deve-se acender em círculo sete velas violeta e consagrá-las a Deus e ao seu Trono Masculino da Evolução. A seguir, evocar essa divindade e solicitar seu auxílio na solução de vários problemas, tais como perseguição espiritual, magias negativas, doenças etc.; inclusive, pode-se firmar as velas em um círculo maior e sentar-se dentro dela na posição de lótus, mentalizando a dissolução de seus problemas. Mas deve-se permanecer uns quinze minutos sentados, mentalizando uma chama violeta ao seu redor.

# Trono Feminino do Conhecimento
(IÁ-FER-MA-IIM-YÊ)

**Vela Magenta**

Seguem-se as mandalas ígneas formadas pela chama dessa vela em relação aos diversos Tronos de Deus.

Deve-se acender uma vela magenta de sete dias, consagrá-la a Deus e ao Trono Feminino do Conhecimento e solicitar seu auxílio divino no fortalecimento do seu sentido da fé e no aperfeiçoamento do seu sentimento de religiosidade, transmutando-os para melhor. Depois, mentalizar essa "mandala" ígnea e trazê-la para o seu íntimo, através do chacra cardíaco ou do coração.

## Vela Magenta

Deve-se acender uma vela magenta de sete dias, consagrá-la a Deus e ao Trono Feminino do Conhecimento, evocando-o e solicitando seu auxílio na harmonização de relacionamentos amorosos.

## Vela Magenta

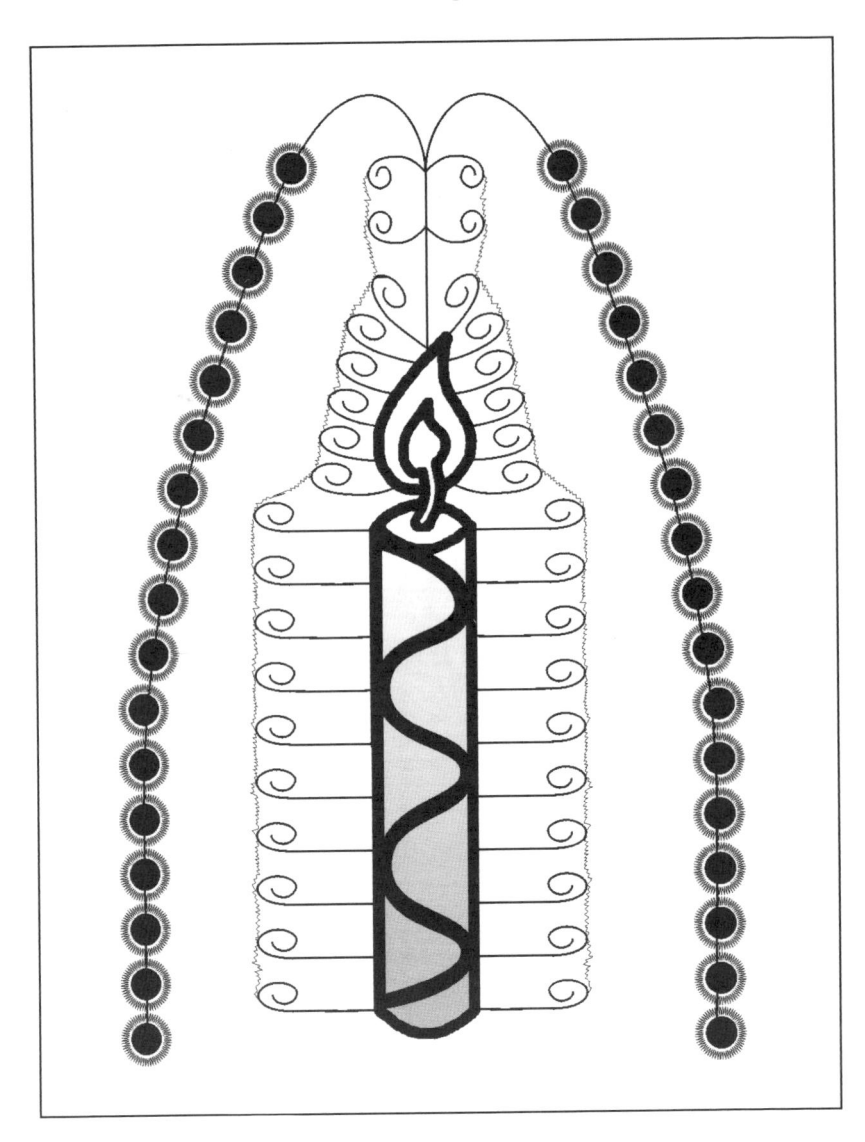

Deve-se acender uma vela magenta de sete dias e consagrá-la a Deus e ao Trono Feminino do Conhecimento. A seguir, mentalizar esse "pontal" ígneo, expandi-lo a sua frente e solicitar o auxílio dessa divindade para abrir suas "portas", seja as materiais ou as espirituais.

## Vela Magenta

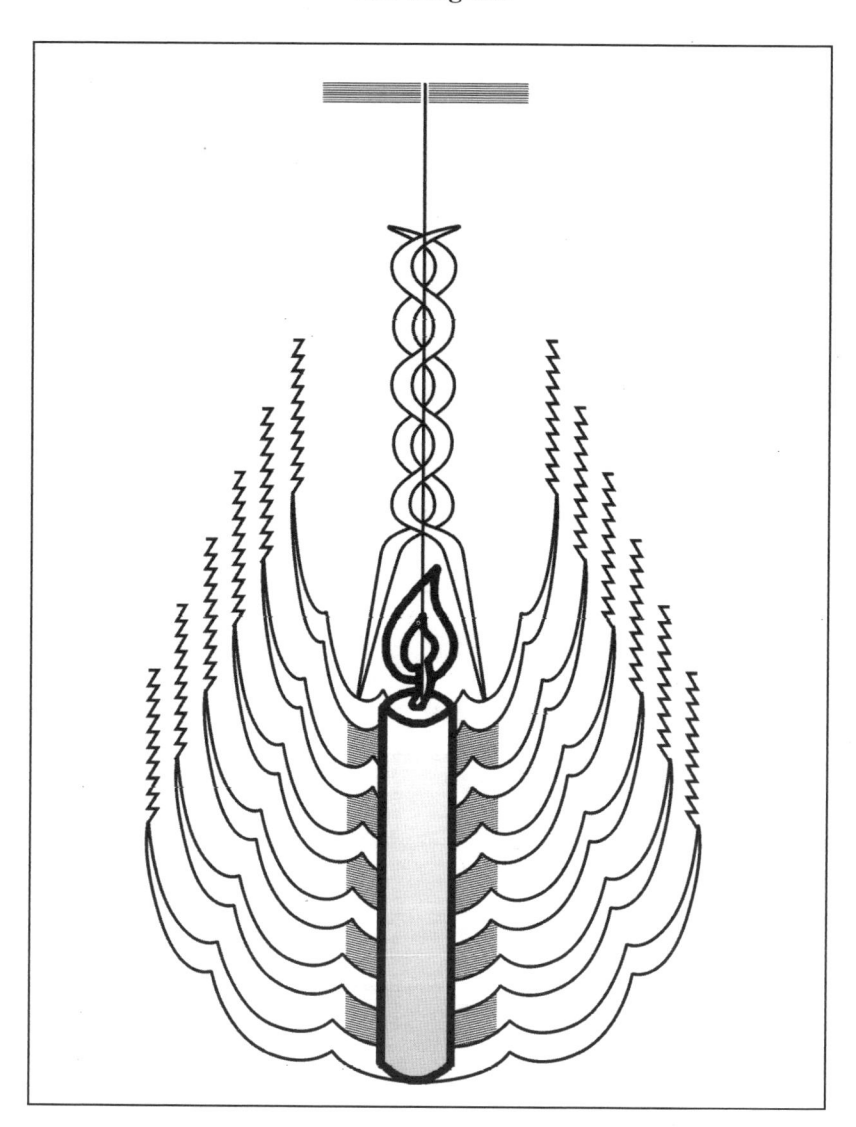

Deve-se acender uma vela magenta de sete dias e consagrá-la a Deus e ao Trono Feminino do Conhecimento. A seguir, mentalizar esse "desenho" ígneo e, evocando essa divindade, solicitar seu auxílio na cura de doenças.

## Vela Magenta

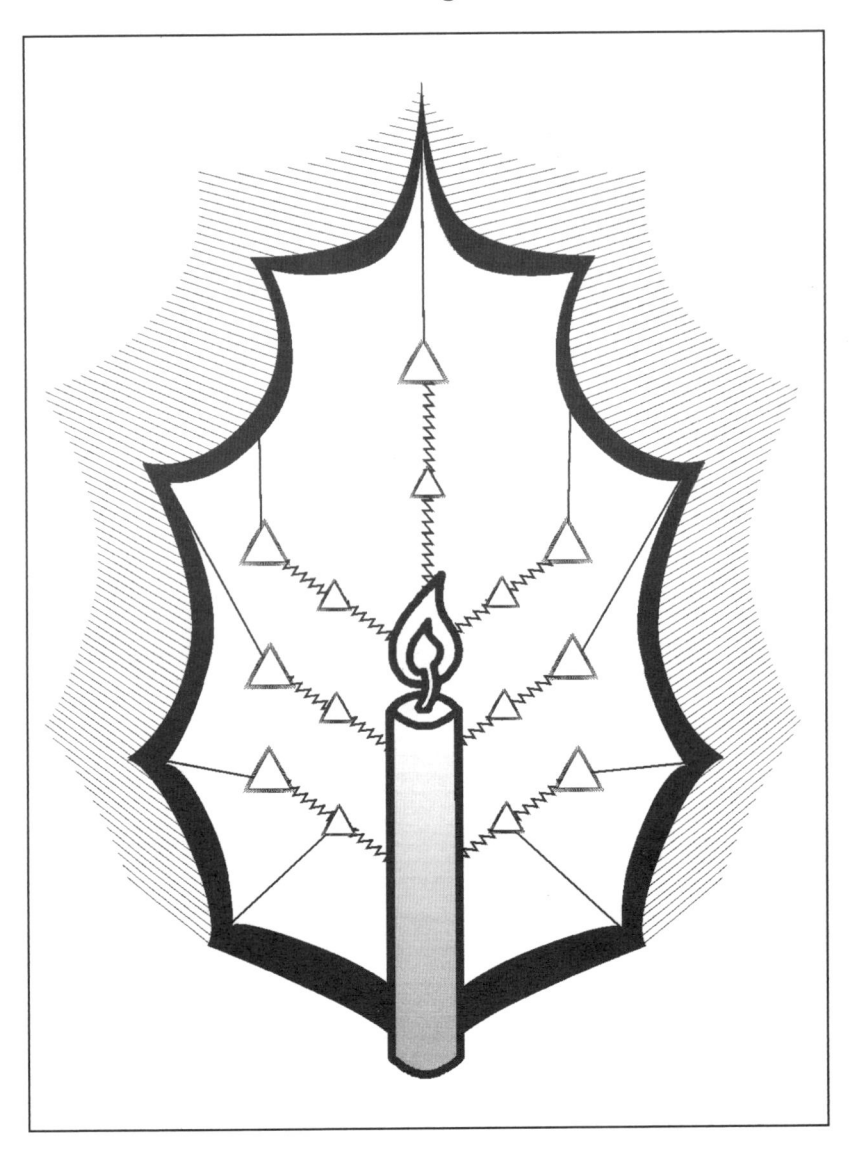

Deve-se acender uma vela magenta de sete dias e consagrá-la a Deus e ao Trono Feminino do Conhecimento. A seguir, mentalizar esse "desenho" ígneo e solicitar o auxílio dessa divindade para anular antipatias, discórdias e inimizades.

## Vela Magenta

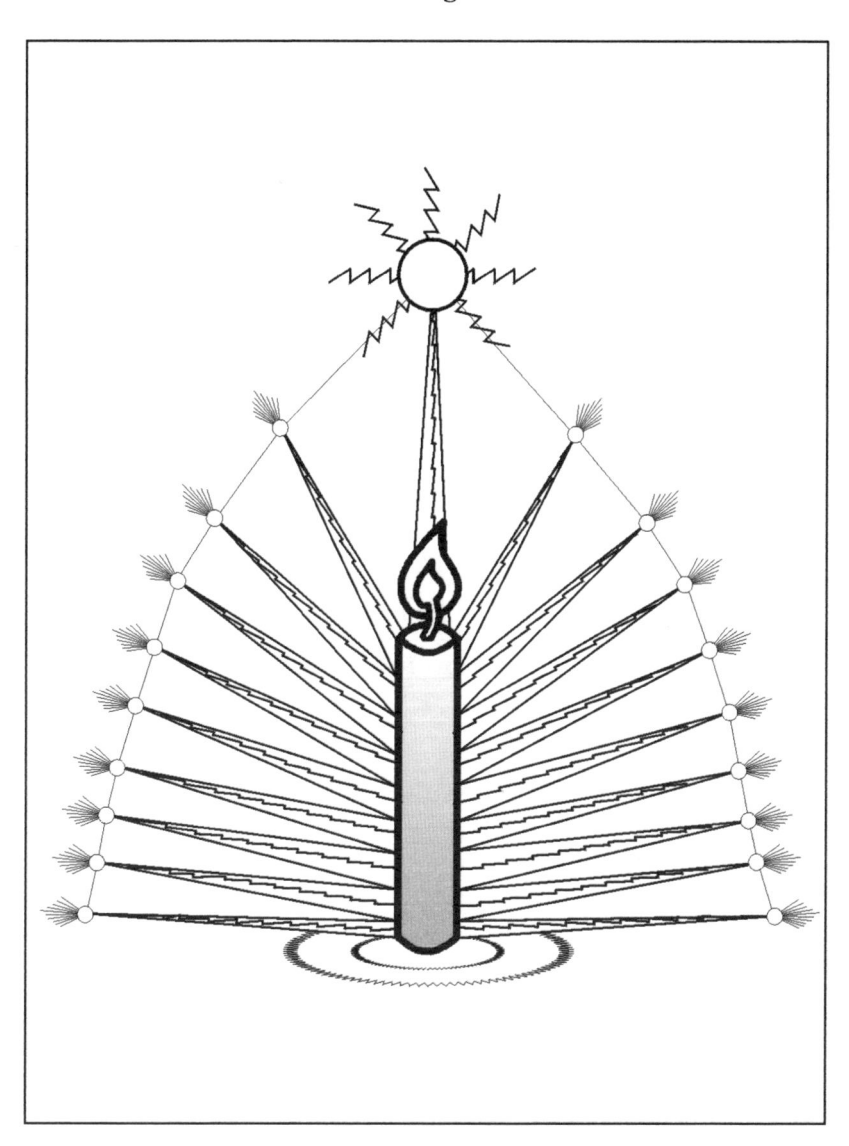

Deve-se acender uma vela magenta de sete dias e consagrá-la a Deus e ao Trono Feminino do Conhecimento. A seguir, evocá-lo, mentalizando esse "desenho" ígneo, solicitando seu auxílio na cura de doenças e na abertura de novas oportunidades espirituais e materiais.

## Vela Magenta

Deve-se acender uma vela magenta de sete dias, consagrá-la a Deus e ao Trono Feminino do Conhecimento e, mentalizando essa "mandala" ígnea, solicitar o auxílio dessa divindade na solução de problemas variados.

## Sete Velas Magenta Acesas em Círculo

Essas sete velas magenta devem ser acesas e firmadas em círculo e consagradas a Deus e ao Trono Feminino do Conhecimento. Deve-se solicitar seu auxílio divino na solução de muitos problemas, tais como desarmonia familiar, desemprego, tristezas indefinidas, melancolia, apatia etc.

Deve-se evocar essa divindade de Deus e mentalizar essa "mandala" ígnea, deslocando-a para sua mente, de onde ela se expandirá e formará, a sua volta, uma aura expansora e transmutadora da realidade sombria ou triste que estiver envolvendo-o.

## Treze Velas Magenta Acesas em Cruz

Essas 13 velas magentas devem ser acesas em cruz e consagradas a Deus e ao Trono Feminino do Conhecimento. Depois, evocá-las e solicitar seu auxílio divino na solução de vários problemas, tais como: limpeza de ambientes energeticamente negativados (inveja, mau-olhado etc.) ou para o afastamento de espíritos sofredores, obsessores, desequilibrados etc.

# Tronos do Amor, do Conhecimento, da Geração e da Evolução

**Vela Azul-turquesa**

Essa vela é ótima para a cura de doenças psíquicas ou de fundo emocional e também para harmonizar ambientes familiares. Os vários desenhos aqui ilustrados correspondem às formas ígneas formadas no plano espiritual pela balsâmica chama dessa vela.

## Todos os Tronos

**Vela Prata**

Essa vela é usada para a decantação de sentimentos negativos, descarga de emoções desequilibradas, afastamento de espíritos perturbadores e sofredores, além de ser ótima nos processos de cura, desde que seja consagrada a um ou a vários Tronos de Deus. As ilustrações correspondem às formas ígneas da sua chama no plano espiritual ou etérico.

# Todos os Tronos de Deus

**Vela Dourada**

Essa vela tem múltiplas utilidades e deve ser acesa em triângulo, em cruz ou em círculo. As ilustrações correspondem às formas ígneas da sua chama no plano espiritual ou etérico.

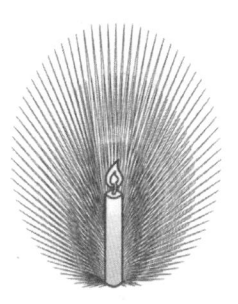

# Vela de Sete Dias Dourada — A Vela de Todos os Tronos

Seguem-se as mandalas ígneas formadas pela chama dessa vela em relação aos diversos Tronos de Deus.

# Tronos Femininos da Lei e do Conhecimento

Ao acender a vela, deve-se mentalizar essa mandala no plano espiritual. Ela tem o poder de abrir o mental, aguçar o raciocínio, concentrar a mente, reequilibrar o emocional e dimensionar os seres. Deve-se evocar esses dois Tronos e pedir-lhes auxílio Divino e suas irradiações vivas.

# *Tronos Femininos da Evolução e da Justiça*

Ao acender a vela dourada, deve-se mentalizar essa irradiação e pedir a Deus e a esses Tronos a queima das energias negativas, a autoenergização e a transmutação dos sentimentos íntimos, redirecionando suas vidas e espiritualidade. Também serve para auxiliar na cura de algumas doenças de fundo emocional.

# Tronos Masculinos da Fé, da Evolução e da Geração

Ao acender a vela, deve-se mentalizar essa mandala transmutadora, magnetizadora e evolucionista e pedir a Deus e aos Tronos que auxiliem na sua transmutação íntima e exterior, assim como na descarga e queima de energias negativas internalizadas em seus campos eletromagnéticos e energéticos sutis.

# Tronos da Fé e da Evolução

Ao acender a vela, mentalize essa mandala magnetizadora e transmutadora e peça o auxílio de Deus e desses Tronos para o fortalecimento da fé e da autoestima.

# Tronos do Amor
# e da Geração

Ao acender a vela, peça o auxílio de Deus e desses Tronos nos campos do amor e da geração de oportunidades profissionais; pode-se também pedir a cura de algumas doenças.

# Tronos da Geração e do Conhecimento

Ao acender a vela, mentalize essa mandala e clame pelo auxílio de Deus e desses Tronos para curas, queimas de energias negativas e concentração do raciocínio.

# Tronos do Amor, da Fé, da Evolução e da Geração

Ao acender a vela, mentalize essa mandala e peça auxílio a Deus e a esses Tronos para a cura de doenças, afastamento de espíritos desequilibrados e descarga de energias negativas condensadas dentro de seus lares.

# Tronos da Evolução
# e da Geração

Ao acender a vela, evoque o auxílio de Deus e desses Tronos e mentalize essa mandala transmutadora e geradora, pedindo auxílio para anular obsessões espirituais, afastar espíritos sofredores, gerar oportunidades profissionais, assim como para curar algumas doenças físicas ou psíquicas.

# Tronos do Conhecimento

Ao acender a vela, mentalize essa mandala, pedindo o auxílio de Deus e desses Tronos para suas vidas, seja no campo da saúde, profissão, relacionamentos etc.

# Tronos da Lei e da Justiça

Ao acender a vela, mentalize essa mandala, pedindo a Deus e a esses Tronos o auxílio Divino para anularem magias negativas, atuações espirituais e queima de energias negativas em seus campos magnéticos ou condensadas em seus lares.

# Tronos da Evolução, do Amor e do Conhecimento

Ao acender a vela, evoque esses Tronos e mentalize essa mandala. A seguir, peça o auxílio de Deus e desses Tronos para solucionar problemas de desemprego, doenças e desarmonias familiares ou profissionais.

# Tronos da Justiça, do Conhecimento e da Geração

Ao acender a vela, evoque esses Tronos e mentalize essa mandala, pedindo o auxílio Divino para anularem inimizades, demandas mentais e descargas de energias negativas condensadas em seus corpos espirituais.

# Tronos da Evolução, da Geração e do Conhecimento

Ao acender a vela, evoque esses Tronos e mentalize essa mandala, pedindo o auxílio Divino para superarem as dificuldades espirituais, os sentimentos mórbidos e apatizadores e a tristeza.

## Leitura Recomendada

### HISTÓRIA DA POMBAGIRA
### Princesa dos Encantos
*Rubens Saraceni*

*História da Pombagira* é um romance que se passa há muito tempo e nos remete a uma época mítica, impossível de ser detectada nos livros de História. Rubens Saraceni, inspirado por Pai Benedito de Aruanda, mostra a lapidação de uma alma, tal qual um diamante bruto, e a sua trajetória rumo à Luz!

### A EVOLUÇÃO DOS ESPÍRITOS
*Rubens Saraceni*

Nessa obra mediúnica psicografada pelo Mestre Mago Rubens Saraceni, os Mestres da Luz da Tradição Natural dão abertura a um novo e magnífico campo para o entendimento da presença divina no cotidiano das pessoas. Para isso, tecem breves comentários a respeito da diversidade da criação e da natureza e sobre a evolução dos homens.

### AS SETE LINHAS DE EVOLUÇÃO E ASCENSÃO DO ESPÍRITO HUMANO
*Rubens Saraceni*

Na senda evolutiva do espírito são vários os caminhos que podem ser percorridos para a conquista do objetivo maior, que é o de sermos espíritos humanos divinizados. Mas que caminhos são esses que favorecem um "atalho" para se chegar mais rápido ao pódio?

### ORIXÁ POMBAGIRA
### Fundamentação do Mistério na Umbanda

*Rubens Saraceni*

Mais um mistério é desvendado: o da Pombagira, Orixá feminino cultuado na Umbanda. Por muitos anos, ela foi estigmatizada sob o arquétipo da "moça da rua", o que gerou vários equívocos e, por que não dizer, muita confusão, pois diversas pessoas já recorreram a ela para resolver questões do amor, ou melhor, para fazer "amarrações amorosas" à custa de qualquer sacrifício.

www.madras.com.br

## Leitura Recomendada

### A Iniciação a Umbanda
*Ronaldo Antonio Linares / Diamantino Fernandes Trindade / Wagner Veneziane Costa*

A Umbanda é uma religião brasileira centenária que cultua os Orixás (divindades), os quais influem diretamente nos mensageiros espirituais, que são as entidades incorporadas pelos médiuns para que os trabalhos sejam realizados.

### Livro das Energias e da Criação
*Rubens Saraceni*

Este livro trata de um dos maiores mistérios divinos: a vida em si mesma e as múltiplas formas em que ela se mostra. O Mestre Mago Rubens Saraceni mostra que o mistério criador de Deus transcende tudo o que imaginamos, porque o Criador é inesgotável na sua criatividade e é capaz de pensar formas que fogem à imaginação humana, por mais criativos que sejam os seres humanos.

### Jogo de Búzios
*Ronaldo Antonio Linares*

Jogo de Búzios foi idealizado por Ronaldo Antonio Linares, com o intuito de apresentar as especificidades desse conhecido oráculo sob a ótica umbandista, bem como desmistificar as comparações entre as religiões afro-brasileiras, Candomblé e Umbanda, que, em virtude do sincretismo sofrido no decorrer do tempo, foram consideradas como sendo a mesma.

### O Cavaleiro do Arco-Íris
*Rubens Saraceni*

Este é mais um trabalho literário do Mestre Mago Rubens Saraceni que certamente cairá no gosto do leitor, tendo em vista que se trata de um livro iniciático, que apresenta a saga espiritual do Cavaleiro do Arco-Íris, o qual é um mistério em si mesmo e um espírito humanizado a serviço do Criador nas diversas dimensões cósmicas do Universo Divino.

www.madras.com.br

# MADRAS® Editora — CADASTRO/MALA DIRETA

*Envie este cadastro preenchido e passará a receber informações dos nossos lançamentos, nas áreas que determinar.*

Nome _____

RG _____ CPF _____

Endereço Residencial _____

Bairro _____ Cidade _____ Estado _____

CEP _____ Fone _____

E-mail _____

Sexo ❏ Fem. ❏ Masc.    Nascimento _____

Profissão _____ Escolaridade (Nível/Curso) _____

Você compra livros:

❏ livrarias    ❏ feiras    ❏ telefone    ❏ Sedex livro (reembolso postal mais rápido)

❏ outros: _____

Quais os tipos de literatura que você lê:

❏ Jurídicos    ❏ Pedagogia    ❏ Business     ❏ Romances/espíritas
❏ Esoterismo   ❏ Psicologia   ❏ Saúde        ❏ Espíritas/doutrinas
❏ Bruxaria     ❏ Autoajuda    ❏ Maçonaria    ❏ Outros:

Qual a sua opinião a respeito desta obra? _____
_____

Indique amigos que gostariam de receber MALA DIRETA:

Nome _____

Endereço Residencial _____

Bairro _____ Cidade _____ CEP _____

Nome do livro adquirido: *A Magia Divina das Vélas*

Para receber catálogos, lista de preços e outras informações, escreva para:

**MADRAS EDITORA LTDA.**
Rua Paulo Gonçalves, 88 – Santana – 02403-020 – São Paulo/SP
Caixa Postal 12183 – CEP 02013-970 – SP
Tel.: (11) 2281-5555 – Fax.:(11) 2959-3090
**www.madras.com.br**

**MADRAS® Editora**

Para mais informações sobre a Madras Editora, sua história no mercado editorial e seu catálogo de títulos publicados:

Entre e cadastre-se no site:

*www.madras.com.br*

Para mensagens, parcerias, sugestões e dúvidas, mande-nos um e-mail:

*marketing@madras.com.br*

**SAIBA MAIS**

Saiba mais sobre nossos lançamentos, autores e eventos seguindo-nos no facebook e twitter:

@madrased

/madraseditora